Für Anette,
Josephine, Charlotte und Julius

Thorsten Latzel

Hoffnung & Flut
Geistliche Gedanken in schwierigen Zeiten

Theologische Impulse 6

Impressum

Bibliografische Information der Deutschen Nationalbibliothek:
Die Deutsche Nationalbibliothek verzeichnet diese Publikation in der Deutschen Nationalbibliografie; detaillierte bibliografische Daten sind im Internet über http://dnb.dnb.de abrufbar.
© 2021 Thorsten Latzel
Lektorat & Korrektorat: Anette Latzel, Satz: Thorsten Latzel
Cover-Gestaltung: Julia Majewski, www.affairen-gestaltung.de
Coverfoto: Hans Braxmeier auf pixabay.com
Herstellung und Verlag: BoD – Books on Demand, Norderstedt
ISBN: 978-3-7557-1628-0

INHALT

VORWORT

„Von einem, der auszog, das Hoffen zu lernen ...": Die Frage nach Hoffnung hat mich im Jahr 2021 persönlich intensiv beschäftigt.

Im März des Jahres wurde ich zusammen mit anderen neu gewählten Kirchenleitungsmitgliedern in mein Amt eingeführt – mitten in der Corona-Zeit. Inhalt meiner *Einführungspredigt* waren Hiobs Kampf um Hoffnung und die Frage, was uns gegen allen Augenschein hoffen lässt (vgl. Kapitel 1).

Im Sommer 2021 habe ich mich dann als frisch gewählter Präses mit dem Rad auf den Weg gemacht, um einmal die Evangelische Kirche im Rheinland von Süden nach Norden zu durchfahren. Meine *„Sommertour der Hoffnung"*: 8 Tage, 40 Gemeinden, über 600 Kilometer, eine Botschaft: „Wir brechen gemeinsam auf nach Corona." Mein Ziel war es, die Hoffnungsgeschichten der Menschen zu hören: „Was gibt Ihnen Hoffnung in der Corona-Zeit und auch darüber hinaus?" Es waren viele bewegende Begegnungen, die ich gemeinsam mit meinen Begleitern, Marcel Kuß und Christian Brand, auf dieser Reise machen durfte. Die Menschen stellten uns die Hoffnungsprojekte ihrer Gemeinden vor. Und ich konnte viel darüber lernen, was es zum Hoffen braucht:

- Konkrete, gelebte Hoffnung hat etwas Aktivierendes. Sie treibt zum Handeln und hat nichts Vertröstendes an sich.
- Hoffen ist ein soziales Geschehen. Menschen hoffen gemeinsam, selten allein, auch wenn einzelne oft vorangehen.
- Zu hoffen hat einen ur-protestantisch subversiven Charakter: Man findet sich nicht damit ab, dass es so ist, wie es ist.
- Und zum Hoffen braucht es einen letzten Grund, der einen gegen alle innere wie äußere Anfechtung hält und trägt. Für den Glauben heißt das: Es braucht Gott.

All das und vieles mehr konnte ich auf der Sommertour lernen. Es war für mich so zugleich eine tiefe religiöse Erfahrung, eine Form des Rad-Pilgerns: gemeinsam unterwegs, beschenkt in zahllosen Begegnungen, begleitet von Segen und Gebet.

Und dann kam die Flut. In der Nacht vom 14. auf den 15. Juli wurden viele Orte im Gebiet der Evangelischen Kirche im Rheinland von einer Überschwemmungskatastrophe heimgesucht, wie wir sie hier seit Jahrzehnten nicht gesehen haben. Menschen mussten ein Ausmaß an Zerstörung und Verwüstung erleiden, wie ich es vorher noch nicht erlebt habe. Nicht hier bei uns. Zugleich erlebten die Betroffenen in den Tagen und Wochen danach eine tiefe Mitmenschlichkeit und Hilfsbereitschaft, wie viele sie nicht für möglich gehalten hätten. Diese Erfahrungen haben etwas mit den Menschen gemacht. Auch mit mir. Die Frage, was uns Hoffnung gibt, stellte sich mir nach verschiedenen Besuchen in den Überschwemmungsgebieten noch einmal neu. Viele überschwemmte Gebiete gehören zu den Orten, die ich kurz vorher auf der Hoffnungstour besucht hatte.

Die theologischen Impulse in diesem Buch versuchen, sich mit diesen verschiedenen Erfahrungen geistlich auseinanderzusetzen. Es geht um Trost und Halt in schwierigen Zeiten – und darum, den Glauben angesichts der erfahrenen Katastrophe neu zu verstehen. Nach Gott als Grund all unseres Hoffens zu fragen, allen traumatisierenden Erfahrungen zum Trotz – dazu sollen die Texte dienen.

Ich bin dankbar für die große Hilfe, die von Notfallseelsorger/-innen und Haupt- wie Ehrenamtlichen in den Gemeinden in dieser Zeit geleistet wurde. Und für die große ökumenische Hilfsbereitschaft, mit der uns Mitchrist/-innen aus allen Erdteilen geholfen haben. Als Kirche und Diakonie werden wir die Menschen nicht alleine lassen – auch dann nicht, wenn sich der Fokus der öffentlichen Aufmerksamkeit längst schon wieder anderen Themen zugewandt hat.

Ein herzlicher Dank gilt wie immer meiner Frau für ihr kluges, sorgfältiges Gegenlesen – und für vieles andere mehr.

1. „WEIL DU BIST, GOTT" –
WAS MICH HOFFEN LÄSST

Hoffnung

Im Reigen von Glaube und Liebe
steht sie oft unerkannt in der Mitte.
Sie wirkt in der Nacht, aber ihr Wesen ist Licht.
Sie sieht nicht, aber sie ist nicht blind.
Sie gibt die Kraft, zu warten,
auszuharren, durchzuhalten,
Die Dinge nicht so hinzunehmen, wie sie sind.
Man sagt, sie stirbt zuletzt.
Doch sie erhält uns am Leben.
Bis ans Ende.
Und auch darüber hinaus.

Die große Frage

Was gibt uns Hoffnung? – Das ist eine der Schlüsselfragen
unserer Zeit. Der Impfstoff – eine bessere Strategie – der Frühling – Gott – oder gar nichts? Was gibt mir persönlich Hoffnung
– nach anderthalb Jahren Pandemie? Eine Zeit mit immer neuen
Wellen und Mutationen. Ich kann das Wort Corona oft nicht
mehr hören. Die Statistiken von Toten, Infektionen, Inzidenzen

bin ich leid. Ich sehne mich danach, Hände zu schütteln, Münder zu sehen, andere einfach in den Arm zu nehmen. Anderthalb Jahre „Beziehungs-Fasten" hat viele von uns erschöpft. Mich auch. Was gibt mir Hoffnung – jetzt und für die Zeit danach?

Was ich erhoffe, weiß ich. So wie wohl die meisten unter uns. Dass das alles irgendwann einmal ein Ende hat. Dass sich durch die gemeinsam durchlebte Pandemie etwas zum Guten verändert. Dass wir die Schulden fair verteilen und uns dauerhaft ökologisch verhalten. Dass wir sorgsam, solidarisch miteinander umgehen. Mit den Menschen, die uns nahestehen. Und mit denen, die noch stärker als wir von allem betroffen sind. Hier in Europa wie weltweit. Doch was ist der *Grund* dafür, zu hoffen, dass das wirklich geschieht?

Für mich ist Gott der Grund, warum ich dies alles hoffe. Nun, das klingt aus dem Mund eines Pfarrers nicht wirklich überraschend. Doch ich glaube tatsächlich, dass Gott der eigentliche Grund ist, warum die Pandemie, unsere Welt, wir selbst nicht so bleiben werden, wie wir sind.

Darin unterscheidet sich die Hoffnung im christlichen Sinn von Optimismus. Der Optimismus sagt: „Es wird schon wieder. Du musst nur positiv denken." Das wird oft lebenspraktisch begründet. Es helfe einfach, sich auf das Gute zu konzentrieren. Auf die Hälfte des Glases, in der noch Wasser ist. Das Problem ist nur, wenn sich die andere Hälfte nicht mehr ausblenden lässt. Dann wird der Optimismus naiv.

Christliche Hoffnung dagegen meint etwas Anderes. Sie sagt: „Es wird anders werden. Weil Gott ist. Und im Glauben bist du selbst schon Teil davon." Die Hoffnung ist viel radikaler als der Optimismus. Sie kümmert sich gar nicht darum, ob überhaupt Wasser im Glas ist. Die Welt kann und darf und wird nicht so bleiben, wie sie ist. Weil Gott dem entgegensteht. Und das verändert Menschen, die daran glauben. Es schafft einen neuen Blick auf die Wirklichkeit.

Hoffnung. Das Wort stammt von „hopen", ist also verwandt mit „hopsen", „hüpfen".[1] Hoffnung ist das, was uns wie Kinder vor lauter Vorfreude hopsen lässt. Weil wir glauben, dass es eben mehr gibt als das, was es gibt, was wir sehen. Hoffnung ist das, was uns wie Vögel mitten in der Nacht anfangen lässt, zu singen. Auch wenn alles um uns noch dunkel ist. Das macht die Hoffnung so stark. Und zugleich so schwierig. Weil sie mitunter allem, was wir sehen, widerspricht.

Die Geschichte eines Kampfes

Die Bibel ist ein großes Buch einer solchen „Hoffnung auf Gott". Die Geschichte des Volkes Israel beginnt damit, dass das alte Ehepaar Abraham und Sara – beide über 70 Jahre, ohne Kinder – aufbricht in ein Land, das einmal ihre Nachkommen besitzen sollen. Allein, weil Gott es ihnen verheißen hat.

„Abraham glaubte auf Hoffnung,

wo es nichts zu hoffen gab." (Röm 4,18)

In einem weiten Bogen von über eintausend Jahren werden dann die Hoffnungs-Geschichten ihrer Nachkommen erzählt. Die Geschichten des jüdischen Volkes, an denen auch wir als Christinnen und Christen Anteil haben. Sie handeln von Menschen, die sich mit der Welt, wie sie ist, nicht abfinden. Weil sie Gott glauben. Sich auf ihn verlassen – allem Augenschein zum Trotz. Mal singend und hüpfend. Mal klagend und zweifelnd.

Eine der für mich eindrücklichsten Gestalten in diesen vielen Hoffnungs-Geschichten ist Hiob. Er kämpft bis aufs Letzte mit Gott – um die Hoffnung auf Gott. Hiob erlebt seine ganz persönliche Pandemie. Reich an Gütern, gesegnet mit vielen Kindern, gesund an Leib und Gliedern – wird ihm das alles von einem Tag auf den anderen genommen. Und Gott lässt es zu. Er lässt es zu. Seine Kinder sterben, seine Herden werden geraubt, seine Knechte ermordet, er selber mit Krankheit geschlagen.

Hiob leidet so schlimm, dass seine Freunde ihn nicht erkennen, als sie ihn besuchen. Sieben Tage und sieben Nächte sitzen sie mit ihm, dem Aussätzigen, in der Asche und sagen kein einziges Wort. „Weil sie sahen, dass sein Schmerz groß war." Weil es nichts mehr zu sagen gibt. Erst dann beginnt Hiob selbst zu sprechen. Und die Freunde antworten ihm. Lebensweise. Theologisch reflektiert. Mit vielen klugen Hinweisen, wie er sein Leid verstehen und mit ihm umgehen kann. Doch Hiob hört nicht auf sie. So wenig wie auf seine Frau, die ihm rät, seinen Glauben doch endlich aufzugeben, um in Ruhe zu sterben.

Sie alle begreifen nicht, worum es eigentlich geht. Sie meinen, Hiob ginge es um Gerechtigkeit: „Wie kannst Du, Gott, es nur zulassen, dass ich, Hiob, so leiden muss, obwohl ich keine Schuld begangen habe?" Und ja: Hiob ruft Gott als Richter gegen Gott an, um ihn zu verklagen. Doch Hiob geht es um mehr als um Gerechtigkeit. Es geht ihm um Hoffnung. Er hält Gott vor, dass er, der Grund all seines Hoffens, zum Abgrund geworden ist. Gott selbst ist es, der seine Hoffnung zerstört:

> „Du hast meine Hoffnung ausgerissen wie einen
> Baum. [...] Du machst sie zunichte, wie Wasser die
> Erde wegschwemmt."

Das ist die abgründige Tiefe seines Leidens, die seine Freunde nicht begreifen. Deswegen verflucht Hiob den Tag seiner Geburt. Und will er die ganze Schöpfung rückgängig machen. Weil er an einer Hoffnungslosigkeit leidet, die von Gott gemacht ist.

Doch Hiob lässt Gott so nicht davonkommen. Er hält gegen Gott an Gott als Grund seiner Hoffnung fest.

> „Aber ich weiß, dass mein Erlöser lebt,
> und als der Letzte wird er über dem Staub sich erheben.
> Nachdem meine Haut noch so zerschlagen ist,
> werde ich doch ohne mein Fleisch Gott sehen."

Das ist der tiefste Grund seines Glaubens, seiner Hoffnung. Gott kann und wird das Leiden nicht so lassen – weil er dann nicht mehr Gott wäre. Weil Gott in sich selbst Hoffnung ist. Gott kann ihn, Hiob, nicht aufgeben, weil er sich selbst nicht aufgeben kann.

Hiob weiß nicht, wie dies geschieht: „Auch ohne mein Fleisch werde ich Gott sehen". Und er wird von Gott auch keine Antwort darauf bekommen, warum er das alles erleiden musste. Die Frage nach der „Gerechtigkeit Gottes" bleibt offen. Doch Gott wird ihm Recht geben – im Streit mit seinen Freunden und gegenüber sich selbst: „Du allein hast Recht von mir geredet." Gott wird ihn heilen, segnen und neu beschenken. Und Hiob wird wieder Hoffnung haben. Weil Gott bei ihm ist.

Was mir Hoffnung gibt, ist, dass Gott selbst unsere Hoffnung ist. Auch wir werden – wie Hiob – keine letzte Antwort bekommen. Nicht auf Corona. Und nicht darauf, wieso Menschen oft so Schlimmes leiden müssen. Und auch wir wissen nicht, wie es geschehen wird.

Aber wir können – wie Hiob – Gott nicht aus der Verantwortung lassen. Weil Gott selbst unsere Hoffnung ist. Deshalb wird das Leiden nicht das letzte Wort haben. Deshalb leben wir trotzig und getrost. Bis auch wir einmal wieder singen, hopsen und einander in den Armen liegen werden.

Zum Schluss: ein Lied[2]

Weil Du bist

Weil Du bist, Gott,
wird die Welt nicht bleiben, wie sie war,
werden wir nicht bleiben, wer wir sind.

Weil Du bist, Gott,
wird das Leiden einmal nicht mehr sein,
Keine Krankheit, kein Weinen und kein Schmerz.

Weil Du bist, Gott,
wird Dein Frieden kommen unter uns,
wenn wir Löwen bei Lämmern grasen sehen.

Weil Du bist, Gott,
wird die Liebe am Ende neu erblühen,
statt des Felsens ein Engel vor uns stehen.

Weil Du bist, Gott,
leben wir voll Hoffnung Tag für Tag.
Trotzig singend, oft zagend, doch getrost.

2. VON VERORDNETER UND SICH EREIGNENDER RUHE
Karfreitag und Ostern in Corona 2021

Ruhe – selten hat ein Begriff so sehr das Gegenteil von dem bewirkt, was er besagt, wie in diesen Tagen. Die kurz vor den Ostertagen 2021 politisch verordneten „Ruhetage" wurden wieder zurückgenommen. Zurecht. Zugleich ist Ruhe vielleicht gerade das, was unsere ebenso erschöpfte wie erregte Gesellschaft in der kommenden Zeit besonders braucht. Ich auch. Eine tiefere, innere Ruhe, die nicht verordnet wird, sondern sich ereignet. Die mir persönlich widerfährt. Eine Ruhe, die uns hilft, mit der Pandemie klarzukommen – und die eng mit dem Geschehen von Ostern verbunden ist.

Im Hebräerbrief gibt es einen, wie ich finde, wunderschönen Satz: „Es ist noch eine Ruhe vorhanden in Gott." Der Satz beschreibt eindrücklich, wie Menschen damals Gott ersehnt und erfahren haben – als Quelle, um mitten in einer Zeit heftiger äußerer Bedrängnis zur Ruhe zu kommen. Um solch eine sich ereignende Ruhe geht es auch in der Kar- und Osterwoche. Und darum, wie sie mir begegnet.

1. Ersehnte Ruhe: An Gründonnerstag, in der „Nacht, da er verraten ward", geht Jesus in den Garten Gethsemane, um zu beten. Um zu Gott und zu sich selbst zu finden. Um zur Ruhe zu kommen. Sehr einfühlsam beschreiben die Evangelien diesen Weg in die Stille – und wie schwierig es mit der inneren Ruhe ist: Da ist der Garten als Ort der Einkehr, die Nacht als Zeit der Stille. Jesus lässt seine Jünger nach und nach zurück, erst die acht anderen, dann auch die engsten drei, Petrus, Johannes und Jakobus. Am Ende ist er ganz allein. Und er ringt körperlich darum, zu Gott, zur Ruhe zu kommen. Bittet um einen Ausweg, Hilfe, Beistand. Dreimal betet er so. Doch es tut sich keine Lösung auf. Am Ende fügt er sich in das, was kommt. Und was ihm doch schwerfällt, als Gottes Willen zu begreifen.

In Jesu innerem Kampf im Garten haben Menschen späterer Zeiten sich selber oft wiederentdeckt. Wenn sie Stille, Ruhe ersehnt haben und doch erfahren mussten, dass sie sich nicht machen lässt. Wenn die Sorgen im Kopf kreisen, einen die Nachrichten nicht mehr loslassen. Ich kann einen äußeren Rahmen schaffen, mich zurückziehen, darum beten – doch, dass sich die ersehnte Ruhe in mir ereignet, liegt nicht in meiner Hand. Ich suche Gott, innere Stille, doch beide, Gott und Stille, widerfahren mir. Oder bleiben mir auch verborgen. Wie Jesus in Gethsemane.

2. Erlittene Ruhe: Um eine ganz andere Ruhe geht es dann an Karfreitag. Die Grabesruhe. Der Tod als ultimativer Stillmacher. Das Kreuz Christi als Sinnbild für erlittene Ruhe, für das schmerzvolle Scheitern menschlichen Lebens. Eine bittere Erfahrung, die viele auch in der Corona-Zeit machen müssen. Beim

Sterben eines Menschen, der einem nahestand. Oder wenn eigene Hoffnungen, Lebenspläne durchkreuzt wurden. Das Geschäft liegt verlassen da, niemand kann zum Geburtstag kommen, die Stille in meinen Räumen wird zum Klang der Einsamkeit. Eine Stille, die bedrückt und nicht befreit. Mein Leben wird brachial ausgebremst. Alles auf null. Nichts geht mehr. Es gehört zur Kar- und Osterwoche, gerade auch diesen Erfahrungen Raum zu geben. Den Lebensverlusten in der Pandemie.

Und vielleicht bekommt in der Zeit von Corona der Karsamstag eine besondere Bedeutung. Die Zeit zwischen Kreuz und Auferstehung. Die Zeit dazwischen, wo augenscheinlich „nichts passiert". Die Kirchenglocken schweigen. Die Stunden werden nicht mehr gezählt. Die Geschichte ist wie eingefroren. Ich habe mit diesem Tag lange Zeit nichts anfangen können. Geduld gehört nicht zu meinen Stärken, und meine Frau war sichtlich amüsiert, als ich ihr erzählte, dass ich über Ruhe nachdenke. Darin bin ich ganz Kind unserer Zeit. Ich merke, wie sehr ich daran gewöhnt bin, dass die „Welt" verfügbar ist: jetzt, sofort, auf Knopfdruck. Warten war gestern. So wirkt auch der Karsamstag, der Ruhetag dazwischen, wie ein Relikt aus einer anderen Zeit. Und vielleicht kann er gerade deshalb so wichtig werden. Wenn sich an ihm etwas in mir ereignet. Subkutan, unbemerkt, ohne dass ich begreife, wie. Wenn sich die Ruhe, die ich erleide, auf verborgene Weise verwandelt. In den biblischen Geschichten wird nicht berichtet, was in dieser Zeit geschah. Weil es nichts zu sehen, zu schildern, zu erzählen gab. Nur die kleine Zeitangabe ist hier wichtig: „Und als der Sabbat vergangen war …". Es geht um eine Stille von besonderer Qualität. Darin klingt der Sabbat vom Beginn der Schöpfung an. Der Tag, an dem Gott selbst ruhte. Und der zugleich zum Beginn alles Folgenden wurde.

3. Befreiende Ruhe: Und dann folgt Ostern, wenn wir eine tiefe, verwandelte Ruhe anderer Art feiern. Die befreiende Stille des leeren Grabes. Die Leerstelle: „Er ist nicht hier!", wird zum Freiraum. Es ist die Zeit, in der einem Engel begegnen können und auf einen neuen Weg weisen: „Er wird vor euch hergehen nach Galiläa. Dort werdet ihr ihn sehen." Ostern feiern wir diese Ruhe aus Gott. Eine Ruhe, die mich verändert, neu ausrichtet, aufbrechen lässt. Der Verlust ist noch da. So wie die Verluste und Verletzungen, die wir auf verschiedene Weise in der Pandemie erlitten haben. Doch ich selbst, mein Leben werden durch sie nicht mehr beherrscht. So wie Christus auferstanden ist, werde ich auferweckt aus den Todesräumen meines Lebens. Um neu zu „meinem Galiläa" aufzubrechen. Galiläa war die Heimat Jesu und seiner Jünger, in der ihr gemeinsamer Weg begann. Galiläa steht für meinen Alltag, in den ich selbst neu, verwandelt zurückkomme. Das Geschäft mag noch immer leer stehen, in meiner Wohnung noch immer niemand außer mir sein: Doch ich kann anders damit umgehen, wenn mir diese verwandelte, innere Ruhe widerfährt. Wenn ich die Kraft der Auferstehung erfahre.

Als schönes Zeichen dafür gab es früher den Brauch des Osterlachens (risus paschalis). In der Predigt wurde die Gemeinde durch Ostermärlein und Schmunzelgeschichten zum Lachen gebracht, um die Stille der Kartage zu beenden und zu einer neuen, befreiten, inneren Ruhe zu finden. Humor als geistlicher Trotz und Trost wider den Tod. Ein kleiner Karneval nach der Passion. Ein Brauch, den manche Kolleginnen und Kollegen heute wiederbeleben.

Wegen dieser inneren Ruhe und der Kraft der Auferstehung ist es mir wichtig, Ostern zu feiern – hygienisch sorgsam, digital oder analog, gerade mitten in der Pandemie. Es hilft mir, mit der ersehnten wie erlittenen Ruhe anders umzugehen. Eine so verstandene Ruhe ist dann nicht die „erste Bürgerpflicht", sondern die „erste Auferstehungsgabe Gottes".

Oster-Unruhe

Als die Frauen sahen,
dass das Grab leer war,
wurde es lebensstill.
Und der Engel sprach zwei kleine Sätze,
die die Totenruhe bis heute stören:
„Er ist auferstanden. Er ist nicht hier."

3. DER TOD HAT NICHT
DAS LETZTE WORT

Wir feiern in der Kar- und Osterwoche das Fest vom Sterben und Auferstehen Jesu Christi. Für Christinnen und Christen weltweit die wichtigste Zeit im Jahr. An Karfreitag und Ostern geht es um das Geheimnis unseres Glaubens.

Die Festwoche beginnt mit *Palmsonntag*. Jesus zieht auf einem Esel in Jerusalem ein. Ein altes Hoffnungsbild des Volkes Israel. Die Leute feiern ihn als „Friedensfürsten". Ihn, der mit Sündern aß, Kinder segnete, Kranke heilte und von Gottes unbedingter Liebe zu allen Menschen sprach. Damit war er den religiös und politisch Mächtigen schon lange ein Dorn im Auge. Jetzt am Passah-Fest steuert der Konflikt seinem Höhepunkt entgegen.

Am *Gründonnerstag* kommt die Nacht des Verrats. Einer seiner Jünger wird ihn ausliefern. Mit einem Kuss auf die Wange. So wissen die Häscher, wen sie ergreifen müssen. Nachts im Garten Gethsemane. Jesus weiß, dass das geschehen wird. Doch vorher feiert er mit seinen Jüngern ein Abendmahl. Sein letztes Passah-Mahl. Und in Brot und Wein gibt er sich selber hin. Für alle. Auch für Judas, der ihn verraten wird.

Dann folgt *Karfreitag*, der Tag der Kreuzigung. In der Nacht verhören ihn die Hohepriester. Seine eigenen Jünger fliehen. Und Petrus, ihr vollmundiger Wortführer, leugnet, ihn jemals gekannt zu haben. Am Morgen wird er an die Römer ausgeliefert: Für Pilatus ist er nur ein Spielball der Macht. Seine Soldaten setzen ihm die Dornenkrone auf, foltern ihn, würfeln um sein letztes Hemd. Auf Golgatha, der Schädelstätte, stirbt er qualvoll am Kreuz. Mit dem Schrei: „Mein Gott, mein Gott, warum hast du mich verlassen?" Nur ein paar seiner Jüngerinnen stehen dabei.

Sie sind es auch, die früh am Morgen nach dem Sabbat, am *Ostersonntag*, losziehen, um seinen Leichnam zu salben. Ohne zu wissen, wie sie den Stein vom Grab wälzen sollen. Doch anstatt des Felsens begegnet ihnen dort ein Engel. Und sagt: „Christus ist auferstanden! Er ist nicht hier."

Das, liebe Leserin, lieber Leser, ist unsere große Hoffnung als Christinnen und Christen – für alle Menschen: Gott lässt Tod, Leid und Unrecht nicht das letzte Wort. Er stellt sich an die Seite dieses Jesus von Nazareth, der gestorben ist, weil er Gottes Liebe zu allen Menschen lebte und lehrte – unbedingt, ohne Ausnahme. Und wir glauben, dass Gott selbst in dem Moment völliger Verlassenheit in Jesus gegenwärtig ist. So wie es der römische Hauptmann unterm Kreuz bekennt: „Dieser Mensch ist wahrhaft Gottes Sohn gewesen."

Darum geht es an Ostern:
- um eine Hoffnung, die allem widersteht, selbst der Macht des Todes,

- um das Vertrauen, dass Gott Leid und Tod nicht siegen lässt,
- und um die Zuversicht, dass auch auf uns ein Engel wartet und der Felsen weggewälzt sein wird, wenn wir wie die Frauen aufbrechen.

Allem Augenschein zum Trotz. Auch mitten in der Pandemie. Jeden Tag neu.

4. Zurück ins Leben wandern
Osterspaziergänge in Zeiten von Corona

Ostern und Corona haben eins gemeinsam: das Spazierenge-hen. In der Pandemie zählt der Spaziergang zu den wenigen Din-gen, die selbst während verschärfter Kontaktbeschränkungen noch möglich waren und sind. Bewegung, draußen, mit sicherem Abstand, an der frischen Luft.

Der Osterspaziergang wiederum ist seit eh und je fester Brauch am Frühlingsanfang: von den politischen Ostermärschen über den Filmmusical-Klassiker „Osterspaziergang" mit Judy Garland & Fred Astaire (1948)[3] bis hin zu der eindrücklichen Beschreibung in Goethes Faust:

> „Jeder sonnt sich heute so gern. /
> Sie feiern die Auferstehung des Herrn, /
> denn sie sind selber auferstanden. /
> Aus niedriger Häuser dumpfen Gemächern, /
> aus Handwerks- und Gewerbesbanden, /
> aus dem Druck von Giebeln und Dächern, /
> aus der Straßen quetschender Enge, /
> aus der Kirchen ehrwürdiger Nacht /
> sind sie alle ans Licht gebracht."[4]

Bei beiden Anlässen, Ostern und Pandemie, geht es um den Aufbruch aus Enge, Stillstand, Einsamkeit – hinein in das Leben. Auch in den biblischen Ostergeschichten spielt das Unterwegs-Sein eine große Rolle. Die Erzählungen beginnen damit, dass die Frauen als erstes am Morgen zum Grab gehen. Danach laufen Petrus und Johannes dorthin, als sie vom leeren Grab hören. Und dann erzählt Lukas von einem ganz besonderen Gang, der bei der Trauer um den Gekreuzigten anfängt und in der Begegnung mit dem Auferstandenen mündet. Aktuell gewinnt diese Geschichte der „Emmaus-Jünger" (Lk 24,13–35) für die Osterzeit in der Pandemie noch einmal eine besondere Bedeutung. Weil in ihr Erfahrungen von Tod und Verlust seelsorglich einfühlsam „angegangen" werden, wie wir sie auch aus der Corona-Zeit kennen. Nicht einfach bewältigt oder gelöst, sondern durchschritten.

Die Erzählung setzt damit ein, dass zwei Männer aus dem weiteren Kreis der Jesus-Anhänger/-innen sich auf den Weg nach Emmaus machen, ein Dorf rund 11 bis 12 km von Jerusalem entfernt. Sie reden über das, was geschehen ist: Jesu gewaltsamen Tod, ihre zerstörten Hoffnungen, die sie erschreckende Botschaft vom leeren Grab. Und wie sie so gehen und reden, gesellt sich unerkannt der Auferstandene selbst zu ihnen:

> „… da nahte sich Jesus selbst und ging mit ihnen.
> Aber ihre Augen wurden gehalten, dass sie ihn nicht erkannten." (V. 15f.)

Was für eine schöne Vorstellung: Christus selbst geht unerkannt in Zeiten der Krise an unserer Seite. Er begleitet uns, ohne dass wir wüssten, wann, wo oder wie. Er wird mitten in der Einsamkeit unser Weggefährte und „Sprachgesell" (P. Gerhardt).[5]

Und das gerade zu einem Zeitpunkt, an dem wir es am wenigsten vermuten.

Und der auferstandene Jesus spricht die beiden an:

> „‚Was sind das für Dinge, die ihr miteinander verhan-
> delt unterwegs?‘ Da blieben die beiden traurig ste-
> hen." (V. 17)

Das ist etwas, was vielen Menschen in der Pandemie fehlt: dass jemand kommt und nachfragt, wie es einem geht. Jemand, der sich die Zeit nimmt, um stehen zu bleiben bei dem, was mich traurig macht. Dass Freundinnen oder Angehörige gestorben sind. Dass meine Pläne durchkreuzt wurden. Dass mir manch-mal die Hoffnung verloren geht. Einfach jemand, der nachfragt und gemeinsam mit mir stehenbleibt.

Und die Jünger damals begannen zu reden. Lange und aus-führlich. Von dem, was sie mit diesem Jesus erlebt haben, was er tat, wie er starb – und mit ihm auch ihre Hoffnung. All das er-zählen sie dem unerkannten, auferstanden Jesus. Und er hört zu. Gibt ihrer Klage Raum. Überwältigt sie nicht mit einem gut ge-meinten Trost. Manchmal beschreibt das mein eigenes Gefühl während Corona: dem verborgen anwesenden Gott zu klagen, wie sehr er mir, uns fehlt.

Erst danach fängt Jesus an zu sprechen:

> „‚O ihr Toren, zu trägen Herzens, all dem zu glauben,
> was die Propheten geredet haben! Musste nicht der
> Christus dies erleiden und in seine Herrlichkeit einge-
> hen?‘ Und er fing an bei Mose und allen Propheten
> und legte ihnen aus, was in allen Schriften von ihm ge-
> sagt war." (V. 25–27)

Sein Zuspruch geschieht auf zwei Weisen: als Konfrontation und Interpretation. Er konfrontiert die beiden mit einer fundamental anderen Sicht der Dinge. Und er erschließt ihnen ein neues Verständnis des eigenen Glaubens, der heiligen Schriften. Das ist es, was ich mir für mich selbst, für unsere Gesellschaft wünsche: dass sich ein anderer Horizont öffnet, eine Hoffnung auftut – dafür, wie wir gemeinsam in und nach der Pandemie leben wollen. Dass ich mich selbst, meine Mitmenschen, mein Leben neue verstehen lerne. Auch, indem ich Widerspruch erfahre zu mancher Selbstverständlichkeit, mit der ich früher gelebt habe. Eine neue Sicht der Dinge, die daraus erwächst, dass Gott selbst mit mir spricht, mir heilsam widerspricht, meinem träg gewordenen Herzen auf die Sprünge hilft.

Die Veränderung, die sich bei den Jüngern damals vollzog, ereignet sich still, im Verborgenen. In der Geschichte wird dies auch fein beschrieben durch das, was nicht erzählt wird. Was zwischen den Zeilen steht. Dass die Jünger und Jesus nach dem Stillstand weitergehen, steht nirgendwo. Und doch bewegen sie sich: äußerlich und innerlich. Das macht Oster-Spaziergänge gerade in Corona-Zeiten so wertvoll – weil sie helfen können, dass ich mich nicht ständig im Kreis um mich selbst drehe. Dass ich vorwärts gelange an ein neues Zwischenziel, in meinem Denken wie in meinem Leben.

> „Und sie kamen nahe an das Dorf, wo sie hingingen. Und er stellte sich, als wollte er weitergehen. Und sie nötigten ihn und sprachen: ‚Bleibe bei uns; denn es will Abend werden, und der Tag hat sich geneigt.‘ Und er ging hinein, bei ihnen zu bleiben." (V. 28f.)

Das „Weitergehen-Wollen" spielt an auf eine alte Vorstellung davon, wie Gott sich offenbart: Gott zeigt sich, indem er vorüber geht. An Mose auf dem Sinai, an Elia auf dem Horeb, wie Jesus an den Jüngern im Boot, als er übers Wasser geht. Dass Jesus es hier nicht tut, ist Inbegriff seiner unbedingten Nähe. Gott kehrt in Christus bei uns ein. Und dies zu dem Zeitpunkt, wenn der Tag vergeht und das Dunkel beginnt. Die Bitte der Jünger fand Eingang in das Nachtgebet der Kirche[6]:

> „Bleibe bei uns, denn es will Abend werden,
> und der Tag hat sich geneigt."

Für mich ist sie Ausdruck einer tiefen, inneren Hoffnung wider den Augenschein. Wenn wir ankommen in dem „Dorf", wohin wir gehen, und es dunkel wird, dann hoffe ich, dass Gott uns nicht verlässt.

> „Bleibe bei uns am Abend des Tages, am Abend des
> Lebens, am Abend der Welt. […] Bleibe bei uns,
> wenn über uns kommt die Nacht der Trübsal und
> Angst, die Nacht der Zweifel und der Anfechtung, die
> Nacht des bitteren Todes. Bleibe bei uns und allen
> deinen Gläubigen in Zeit und Ewigkeit."

> „Und es geschah, als er mit ihnen zu Tisch saß, nahm
> er das Brot, dankte, brach's und gab's ihnen. Da wurden ihre Augen geöffnet, und sie erkannten ihn. Und
> er verschwand vor ihnen." (V. 30f.)

Man spürt an der Dichte der Erzählung, wie das Geschehen hier seinen Höhe- und Wendepunkt erfährt. Sieben Verben in dichter Folge: nehmen, danken, brechen, geben, geöffnet werden, erkennen, verschwinden. Die ersten vier klingen wie ein alltäglicher Ablauf bei Tisch – und gerade darin sind sie kennzeichnend für Christus: er, der bedingungslos mit allen aß, Gottes Segen teilte, sich selbst dabei hingab, bis zum letzten Mahl. Nehmen, danken, brechen, geben. Die letzten drei beschreiben ein eigenartiges, spannungsvolles Zugleich: Ihre Augen werden geöffnet, sie erkennen ihn und er entschwindet ihnen. Das ist so, weil mein Erkennen meinem Erleben immer hinterherhinkt. Vor allem aber, weil Gott mir immer entzogen bleibt, unverfügbar. Gerade auch dann, wenn er sich uns hingibt.

Das lässt mich religiös bescheiden werden, oder sollte es zumindest, in Zeiten der Pandemie. Ich habe keine einfache Antwort darauf, wo Gott in der Corona-Zeit ist, wieso dies geschieht. Ich kann nur wie die beiden Jünger rückblickend von dem sprechen, was mir widerfährt:

> „Brannte nicht unser Herz in uns, da er mit uns redete auf dem Wege und uns die Schrift öffnete?" (V. 32)

Wenn aus meinem trägen Herzen wieder ein brennendes wird. Wenn ich beim Sprechen und Hören mit anderen auf dem Weg wirklich etwas begreife. Wenn mir mit dem Sinn der Schrift zugleich meine Augen aufgehen. Wenn das geschieht, dann ist es an der Zeit, wie die Jünger damals zurückzugehen. Noch zu derselben, späten Stunde. Um anderen davon zu berichten, was geschehen ist: „Christus, der Brotbrecher, ist auferstanden. Und er ist gegenwärtig, wenn wir es tun." „Er, der lebt, gebot: Teilt das Brot!" (EG 229)[7]

Eine konkrete Umsetzung eines solchen österlichen „In das Leben Spazierens" gab es zu Ostern 2021 von der Diakonie und der Evangelischen Kirche in Düsseldorf im Stadtteil Flingern. Auf sogenannten „Seelenwegen" konnten sich Menschen dort mit einer ehrenamtlichen Seelsorgerin oder einem ehrenamtlichen Seelsorger auf den Weg machen, sich austauschen, Beratung in Anspruch nehmen oder existenzielle Sorgen besprechen. Eine schöne Idee, um aus dem „stuck state" und dem Kreiseln der eigenen Sorgen aufzubrechen!

Migration, österlich

„Migrare de vita" –
Aus dem Leben wandern.
So beschrieb man früher blumig,
wenn Menschen sich das Leben nahmen.

„Remigrare in vitam" –
Zurück ins Leben wandern.
So äußert es sich heute konkret,
wenn Menschen an Auferstehung glauben.

5. ICH BIN VIELES,
ABER NICHT „NORMAL"
... und habe auch nicht vor, es jemals zu werden

Seit dem AfD-Parteitag im April 2021 geisterte auf einmal ein eigenartiger Slogan durch die Medien: „Deutschland. Aber normal." Nun muss man nicht alles kommentieren, was diese oder andere Parteien tun. Nach dem Motto des weisen früheren Kirchenpräsidenten der EKD, Hermann Barth: „Das ignorieren wir nicht einmal." Tatsächlich halte ich diese Sprachwendung nicht nur für inhaltlich schief, sondern gesellschaftspolitisch für hochproblematisch und gefährlich. Und sie steht dem zutiefst entgegen, was mir als Bürger wie als Christen persönlich wichtig ist.

Natürlich kann man sich über den Slogan leicht lustig machen: Was soll „normal" hier bedeuten? Die Alternative zu Diesel oder Super an der Zapfsäule, also eine vielleicht nur häufigere Wahloption unter verschiedenen Möglichkeiten? Das scheint angesichts der Grundhaltung der Partei wohl nicht gemeint. Oder eine „Normalität", die sich aus der „Normativität des Faktischen" herleitet? Aber was sollte das dann besagen: Deutschland, so wie es ist? Wir wollen nichts verändern. Das Problem bei dem Slogan ist, dass hier eine „Normalität" im Sinne von

Alltäglichkeit behauptet wird, die alles andere als alltäglich ist. Es geht eigentlich um „Deutschland. Aber normativ." Und zwar nach unserer normativen Vorstellung dessen, was normal ist.

Die Begriffswahl macht deutlich, welches gesellschaftliche Problem sich hinter der Partei verbirgt. Sie steckt letztlich mit ihrem Denken in der Phase der industriellen Moderne fest (50er – 80er Jahre). In ihr war das Leben des Einzelnen wie der Gesellschaft orientiert an möglichst hoher Gleichförmigkeit, quasi der Deutschen Industrie-Norm: ein klar geregeltes Leben nach DIN-Vorgabe. Der Strukturwandel hin zur Spätmoderne mit „Kreativ-Kultur" und einer „Gesellschaft der Singularitäten" (Reckwitz) wird da als fremd und überfordernd erfahren[8]. Nun wäre es ja höchst begrüßenswert sich kritisch mit problematischen Phänomenen dieser Entwicklung auseinanderzusetzen. Etwa – wieder mit dem Soziologen Reckwitz gesprochen – der permanenten „Aufmerksamkeitskonkurrenz" und dem Zwang, sich selbst ständig „performen" zu müssen. Oder den Formen kultureller Entwertungen von Unterklassen und alten Mittelschichten. Oder der „Krise des Allgemeinen". Was hier aber stattdessen geschieht, ist, dass eine Partei für sich in Anspruch nimmt, anderen normativ vorzuschreiben, was „normal" ist und was nicht: „Deutschland. Aber normativ." „Deutschland nach unseren Normen." Welche Folgen es hat, wenn bestimmte Kunst als nicht „normal" bezeichnet wird oder einzelne Menschen, Menschengruppen, Lebensstile – das haben wir in Deutschland schon leidvoll erfahren müssen. Deswegen: In Deutschland ist es heute zum Glück „normal", nicht in diesem Sinne „normal", also normativ normiert, zu sein.

Ich bin selbst nicht „normal" und ich habe auch nicht vor, es jemals zu werden. Auch wenn ich in Deutschland geboren bin, studiert habe, heterosexuell und verheiratet bin, Kinder habe … und damit bestens zum DIN-Deutschsein mancher Menschen passen würde: Ich möchte meine Lebensform nicht als Maßstab für andere verstehen. Gerade das macht für mich die Stärke unserer freiheitlich-demokratischen Gesellschaft aus, dass wir „ohne Angst verschieden sein" können (Adorno)[9].

Und das ist für mich ein zentrales Element des christlichen Glaubens. Der Glaube an Gott, wie er sich in Jesus Christus offenbart hat, ist ein zutiefst „un-normales" Ereignis – weil er all unsere Vorstellungen von „Normalität" auf den Kopf stellt. Der Apostel Paulus etwa wird nicht müde, das in immer neuen Bildern zu vermitteln. Einem Christenmenschen, so Paulus, ist „alles erlaubt" (1. Kor 6,12; 10,23). Nichts ist „un-normal". „Hier ist nicht Jude noch Grieche, hier ist nicht Sklave noch Freier, hier ist nicht Mann noch Frau, denn ihr seid allesamt eins in Christus." (Gal 3,28) Die einzige normative „Normalität", die Paulus kennt, ist die der unbedingten Liebe Gottes. „Sie glaubt alles, sie hofft alles, sie duldet alles." (1. Kor 13,7)

Paulus selbst ist an anderen Stellen dieser radikalen „A-Moralität" der Liebe, der Sprengung der Normalität, nicht immer gerecht geworden. So wie Christinnen und Christen zu allen Zeiten und auch ich selbst immer wieder dahinter zurückbleiben. Dennoch ist für uns als Glaubende letztlich die unbedingte Liebe Gottes der alleinige Maßstab dessen, was „normal" oder „nicht normal" ist.

Als ich selbst vor vielen Jahren ein Kindergarten-Kind war, hatte eine Erzieherin einen Aufkleber auf ihrem Opel Kadett: „Ich mag dich, denn du bist anders." Der Satz hat sich irgendwie fest in meine Erinnerung eingebrannt. Damals habe ich ihn – in herzlicher kindlicher Egozentrik – vor allem persönlich auf mich bezogen. Was mir die Erzieherin natürlich sehr sympathisch gemacht hat, auch wenn sie unverständlicher Weise dennoch einen Freund in ihrem Alter hatte. Heute verstehe ich es als Ausdruck einer Haltung tiefer, praktizierter Menschenliebe und Herzensfreundlichkeit; was mir die Erzieherin nach Jahren noch einmal ganz anders sympathisch macht. Einen anderen Menschen als einzigartige Persönlichkeit zu lieben und nicht, weil er oder sie einer wie auch immer gearteten Norm(alität) entspricht.

Das wünsche ich mir für unsere Gesellschaft, für meine Stadt, für unser Land, für Europa: eine Haltung des „Ich mag dich, denn du bist anders".

Das war es letztlich, was Jesus Christus unbedingt gelebt hat und was ihn ans Kreuz brachte: „Dieser nimmt die Sünder an und isst mit ihnen." (Lk 15,2) Er hat die religiös-moralische Normalität immer wieder verletzt, bis es den Mächtigen seiner Zeit reichte. Und genau diesen Jesus, der aus der „Normalität" der Liebe Gottes alle Normen verletzte, hat Gott auferweckt.

Deswegen ist mein Glaube, bin ich nicht „normal". Und deswegen setzen wir uns als Christinnen und Christen dafür ein, dass Menschen in Deutschland ohne Angst verschieden sein können.

Irgendwann reicht's

Geboren in einem Stall,
aus unklaren Verhältnissen,
zog er ohne Arbeit durchs Land,
aß mit Zöllnern, Zechern, Sündern,
predigte von Lilien und Spatzen,
stellte unmoralische Vergleiche an,
brach liebevoll jede Regel,
heilte Aussätzige, Blinde, Lahme,
machte Kinder, Ausländer zum Vorbild,
solidarisierte sich mit Frauen.
Als er dann, am Ende gekreuzigt,
noch nicht einmal im Grabe blieb,
war es der Normalität endgültig genug.
Sie baute sich ein schönes Reihenmittelhaus
mit ordentlichem Vorgarten
und wollte fortan mit religiösen Dingen
freundlichst in Ruhe gelassen werden.

6. Die Kuchen meines Lebens

Kuchen spielten in meinem Leben eine wichtige Rolle. Verschiedene Zeiten hatten ihr je eigenes Gebäck. Und ich verbinde die Erinnerung an bestimmte Menschen mit ihren Backwerken.

Als Kind und Jugendlicher liebte ich leidenschaftlich den Stachelbeer-Boden meiner Mutter. Es musste der Mürbeteig nach ihrem besonderen Rezept sein und die haarigen Beeren aus unserem Garten. Den Kuchen habe ich als „Gesamt-Kunstwerk" angesehen und entsprechend verzehrt. Aufteilen hielt nur auf. Bei großen Feiern gab es dann Schwarzwälder-Kirsch-Torte. Das waren eher nicht-entschärfte Kalorien-Bomben aus der Nachkriegszeit. Ein kulinarisches Echo aus den Jahren, in denen meine Großeltern und ihre Kinder als Vertriebene nicht viel hatten. Eine solche Torte reichte, um einen Trupp Waldarbeiter durch einen kalten Wintertag zu bringen.

Später lernte ich dann mit meiner Frau auch die Donau-Welle meiner Schwiegermutter kennen. Glasur, Kirschen, Schoko, Creme, Teig – exakt arrangiert und blechweise produziert für das halbe Dorf. Ihre Donauwellen waren wie auch ihre Christstollen

Statements handwerklicher Kunstfertigkeit. Eine Form von sozialem Beziehungskapital in dem kleinen mittelhessischen Dorf. Kulinarische Kryptowährung: Ich backe, damit du backst. Meine Mutter und meine Schwiegermutter haben die Latte der Kuchen-Kunst für mich ordentlich hochgelegt. Heute backen beide nicht mehr.

Es brauchte Zeit, bis meine Frau und ich aus dem Schatten dieser Backwerke getreten sind. Wir hatten im Studium einen ebenso charakterstarken wie windschiefen alten Back-Ofen. Entsprechend sahen auch unsere ersten Gugelhupf-Produkte aus. Theologisch betrachtet, waren sie die Kuchen gewordene Gestalt der Rechtfertigung „allein aus Gnade". Sie schmeckten gar nicht schlecht und waren für Bergfeste mit entsprechender Hanglage auch bestens geeignet. Das „Scheppe" wurde später zum Markenzeichen, auch als wir längst einen richtigen Herd besaßen. Für unsere Kinder muss jeder Geburtstags-Gugelhupf irgendeine ästhetische Macke haben, sonst stimmt etwas nicht. Die Rezepte und Werke meiner Frau haben sich seitdem erheblich weiterentwickelt, sehr zu empfehlen vor allem ihr Käsekuchen und die Nussecken. Meine eigenen Back-Künste haben dagegen den Charme der ersten Tage bewahrt.

Kuchen. Das ist eine kulinarische Kommunikation von Wertschätzung und Liebe. Kultivierter Genuss. In der Bibel spielt Kuchen nur am Rande eine Rolle. Bei dem Besuch Gottes in dreifacher Gestalt im Hain Mamre etwa fordert Abraham Sara – auch hier ist es wieder die Frau – auf: „Eile, knete Teig und backe Kuchen." (1. Mose 18,6) Man gibt sowohl dem Gast wie auch Gott vom Feinsten, was man hat. Bei den Propheten wird es entsprechend kritisiert, wenn die Israeliten fremden Göttern wie der „Himmelskönigin" Kuchen backen (Jer 7,18). Und sie bezeichnen das in die Irre gehende Volk selbst als einen missglückten Kuchen, „den niemand umwendet" (Hos 7,8). Eine interessante Perspektive am Rande der biblischen Texte: Was sagt es über mich und mein Leben aus, für wen und für was ich den Ofen anwerfe? Was ist mir so wichtig, dass ich dafür eile, knete und backe?

Kuchen. Ich spüre ein tiefes Gefühl der Dankbarkeit: Anders als leider viele Menschen weltweit und auch hier in Deutschland musste ich mir um „Brot" niemals habe Sorgen machen. Im Alltag droht das manchmal verloren zu gehen – das Bewusstsein dafür, ob ich mich gerade um „Kuchen" oder „Brot" kümmere. Es ist ein wirklicher Segen, in einem Land zu leben, in dem trotz der aktuellen Pandemie und mancher sozialer Probleme seit über 75 Jahren Frieden und kein Hunger herrscht. Ein Umstand, der eben die Frage aufwirft, für wen ich mein Leben, meine Zeit, meine Freiräume einsetzen möchte. Um eben nicht selbst zu einer „coach-potatoe" zu werden, zu einem „Kuchen, den niemand umwendet".

Zugleich glaube ich, dass „Kuchen" und alles, wofür sie stehen, auch zu dem gehören, worum wir im Vaterunser beten, wenn wir sprechen: „Unser tägliches Brot gib uns heute". Martin Luther drückt das im Kleinen Katechismus so aus:

> „Was heißt denn ‚tägliches Brot'? Alles, was not tut
> für Leib und Leben, wie Essen, Trinken, Kleider,
> Schuh, Haus, Hof, Acker, Vieh, Geld, Gut, fromme
> Eheleute, fromme Kinder, fromme Gehilfen, fromme

und treue Oberherren, gute Regierung, gut Wetter, Friede, Gesundheit, Zucht, Ehre, gute Freunde, getreue Nachbarn und desgleichen."[10]

Zu dem, was wir elementar brauchen, gehört eben mehr als nur „Überlebensmittel". „Kuchen", auch wenn sie in Martin Luthers Aufzählung nicht vorkommen, stehen für den Bereich der Kultur und Kunst, für Schönes, Lebensfreude und Sinnlichkeit, für Tanz und Spiel, für die feinen, kleinen Dinge, an denen ich mich oft freue, weil in ihnen so viel Liebe steckt. So richtig es ist, Brot und Kuchen zu unterscheiden, so sehr gehören Kuchen eben auch „zum täglichen Brot". Eben, weil Kultur kein Luxus ist, sondern ein Lebensmittel.[11] Und gerade in der Pandemie spüren wir, wie sehr uns dieser Bereich liebevoll, ästhetisch, schön gestalteter Dinge im Alltag oft fehlt.

„Kuchen" stehen so auch für eine Weise, wie wir als Kirche mit anderen kommunizieren. Mit Menschen und mit Gott. Liebevoll gestaltet, feinsinnig, sinnenfreudig. Zum Glauben gehört beides: das „Schwarzbrot" und „Kuchen". Das eine nahrhaft, nachhaltig, etwas zum Beißen, das andere köstlich, eingängig, zum Genießen. Weil Kuchen eben eine kulinarische Kommunikation der Liebe ist.

„Hätt' ich dich heut erwartet, hätt' ich Kuchen da, Kuchen da […] Hätt'st du nur was gesagt, hätt' ich Musik bestellt, die besten Musikanten auf der Welt!"

So begrüßte Ernie seinerzeit in der Sesamstraße das überraschend erscheinende Krümelmonster und macht sich dann schnell ans Backen[12]. Eine Umsetzung gelebter Gastfreundschaft, wie sie Sara und Abraham im Hain Mamre gegenüber

Gott praktizierten. Und was für ein Bild von Kirche: ein Ort, an dem andere für mich einen Kuchen backen. Um mit mir in Ruhe über die Schwarzbrot- und Kuchen-Erfahrungen meines Lebens zu sprechen.

Das schenke uns Gott, dass wir so kulinarisch-liebevoll für einander da sind.

7. „... WEIL AUCH DU EIN FREMDLING WARST"

An alle, die Angst vor „Flüchtlingen" haben

Gleich am ersten Tag, nachdem ich zum Präses gewählt worden war, erreichte mich eine Mail zum Thema „Flüchtlinge". Eine ältere Frau teilte mir darin ihr tiefes Unverständnis mit, wie die Synode der Evangelischen Kirche im Rheinland sich dafür einsetzen könne, weitere Flüchtlinge aus den Lagern in Bosnien-Herzegowina und von Lesbos aufzunehmen.

> „Seit ich denken kann, nimmt Deutschland Flüchtlinge auf – als ich Kind war, musste in der Familienwohnung ein Zimmer geräumt werden, für Flüchtlinge – so hat es sich über 70 Jahre fortgesetzt -... es reicht! Meine Sorge gilt meinen Kindern und Enkelkindern, die all das bitterst aushalten und auch noch bezahlen müssen – und dann irgendwann nicht mehr dazugehören und in der Minderzahl sind."

So wie dieser besorgten Frau möchte ich gerne allen antworten, die sich vor Fremden und „Flüchtlingen" fürchten.

Sehen Sie, ich bin ein Kind von Eltern, die beide vertrieben wurden, fliehen mussten. Meine Mutter als siebenjähriges Mädchen aus Danzig, mein Vater als Säugling auf dem Arm meiner Großmutter aus Schlesien. Ich bin sehr froh darüber, dass Menschen damals meine Mutter und meinen Vater als kleine Kinder nach dem zweiten Weltkrieg bei sich aufgenommen haben. Sonst gäbe es mich heute nicht. Es war eine Zeit, in der es viel weniger gab als heute. Die große Sorge damals, dass Katholiken und Protestanten nicht miteinander leben könnten (es gab getrennte Schulhöfe), hat sich als unbegründet erwiesen. Ich bin ein Kind aus solch einer „konfessionsverschiedenen" Ehe.

Auch die „Überfremdung" Deutschlands durch die „Gastarbeiter" in den Jahren danach hat sich nicht eingestellt. Im Gegenteil: Ohne die starke Einwanderung, die damals niemand so nannte, hätte es nie ein solches Wirtschaftswachstum in Deutschland gegeben. Deutschland wäre nicht Deutschland ohne die Menschen aus Italien, Spanien, Griechenland, Polen, der Türkei, dem früheren Jugoslawien. Nicht ohne ihre Arbeit, nicht ohne ihre Kultur, nicht ohne ihre Religion. „Wir riefen Arbeitskräfte, und es kamen Menschen." (Max Frisch)[13] Mit Yusuf habe ich in der Grundschule von Bad Laasphe Fußball gespielt, mit Kadir unsere gleichaltrigen Töchter auf dem Spielplatz in Hannover geschaukelt. „Überfremdet" habe ich mich nie gefühlt.

Flucht und Fremdheit sind für mich sehr persönliche Themen. Ohne sie könnte ich die Geschichte meiner Familie, mich selbst nicht verstehen. Die Epigenetik erforscht, wie solche Erfahrungen an die nächsten Generationen vererbt werden.[14]

Sprichwörtlich in den Knochen stecken. Fragen Sie einmal meine Frau, wie es ist, wenn wir gemeinsam wandern.

Und der Schutz von „Flüchtlingen" und Fremden gehört für mich fundamental zum christlichen Glauben. Er durchzieht die ganze Bibel: vom Auszug der unterdrückten Israeliten aus Ägypten über die 10 Gebote („Denn du sollst daran denken, dass auch du Knecht in Ägyptenland warst" 5. Mose 5,15) bis zu Jesus, dessen Eltern nach seiner Geburt mit ihm vor Herodes außer Landes fliehen (Mt 2,13ff.). Und der später den Umgang mit Fremden zu einem Maßstab des Weltgerichts gemacht hat:

> „Ich bin ein Fremder gewesen und ihr habt mich aufgenommen. [...] Was ihr getan habt einem von diesen meinen geringsten Brüdern, das habt ihr mir getan."
> (Mt 25,35.40)

Wenn Leute versuchen, das, was sie für das „christliche Abendland" halten, vor Fremden zu retten, scheinen sie hier irgendwas nicht verstanden zu haben.

Das heißt nicht, dass Deutschland nun „alle aufnimmt". Schon deshalb nicht, weil die meisten Menschen überhaupt nicht aus ihrer Heimat wegwollen, wenn sie nicht müssen. Und selbst wenn Menschen fliehen müssen, bleiben die allermeisten in Nachbarländern.

Das hat auch nichts mit „Gutmenschentum" zu tun. Nein, „Flüchtlinge" sind weder bessere noch schlechtere Menschen als Sie und ich. Es sind einfach Menschen auf der Flucht. Oft Familien mit Kindern. Oft junge Männer, weil sie am ehesten eine Chance haben, für die anderen „durchzukommen". Menschen zum Teil mit tief traumatischen Erfahrungen. Viele mit großer Energie, Hoffnung, Tatkraft.

Es hilft sehr, wenn wir mit dem abstrakten, sorgenvollen Reden über „die Flüchtlinge" aufhören – und stattdessen mit den konkreten Menschen reden, die es auf ihrer Flucht zu uns geführt hat. Mit Menschen wie Ahmad Dakhnous, den ich letztes Jahr kennenlernen durfte. Ahmad ist als Palästinenser aus Damaskus nach Deutschland geflohen und studiert hier Politik. Es gibt wenige Menschen, die ich jemals so von Demokratie habe schwärmen hören wie ihn. Gemeinsam mit Mitstudent/-innen hat Ahmad ein Projekt gestartet, um Integrationskurse weiterzuentwickeln. Weg von Multiple-choice-Fragen hin zur Begegnung mit „Menschen von hier" – gleich welcher Kultur, Religion oder sexuellen Orientierung. Manchmal verstehen „Fremde" besser, was unser Land wirklich auszeichnet:

> „Alle Menschen sind vor dem Gesetz gleich. Männer und Frauen sind gleichberechtigt. [...] Niemand darf wegen seines Geschlechtes, seiner Abstammung, seiner Rasse, seiner Sprache, seiner Heimat und Herkunft, seines Glaubens, seiner religiösen oder politischen Anschauungen benachteiligt oder bevorzugt werden. Niemand darf wegen seiner Behinderung benachteiligt werden." (Art. 3 GG)[15]

Ich nehme das Thema „Flüchtlinge" auch deshalb persönlich, weil ich nicht möchte, dass meine Kinder und Enkel einmal in einer lieblosen Gesellschaft leben müssen, wo christliche Werte wie Nächstenliebe oder Barmherzigkeit nichts mehr gelten. In einem Land, in dem man es hinnimmt, dass Menschen ertrinken, nur, weil sie nicht „von hier" sind. In einem Europa, in dem zu uns Geflüchtete unter menschenunwürdigen Umständen leben – wie etwa in den Lagern in Bosnien oder auf den griechischen

Inseln. Auch meine Kinder wollen das nicht und sehen sich überhaupt nicht gefährdet. Im Gegenteil: Sie und ich haben an verschiedenen Orten erlebt, wie gerade Menschen mit Fluchterfahrungen sich einbringen und mitarbeiten, um ihre neue Heimat zu schützen, die sie schützt.

Insofern bin ich überzeugt, dass Sie keine Sorge um Ihre Kinder oder Enkel haben müssen. Allenfalls davor, dass man einen Keil in unsere Gesellschaft treibt, wenn man Menschen nach ihrer Abstammung anstatt nach ihrer Person beurteilt und so unsere offene, demokratische Gesellschaft gefährdet. Davor behüte uns Gott!

„Fremde" und „Heimat"

„Fremde" ist der Ort,
an dem man angewiesen ist
auf Hilfe von Menschen,
die man nicht kennt.
„Heimat" wird der Ort,
an dem man sie erfährt.

8. Protestantisch leben in der Pandemie
Eine geistliche Alternative zu Querdenkerei

Es wird nicht wieder werden, wie es einmal war.

Das ist eine harte Erfahrung aus der Corona-Zeit. Am Anfang habe ich noch oft gehört: „Wir verschieben das einfach." Sechs Monate nach hinten. Um ein Jahr. Auf irgendwann nach der Pandemie. Wie bei einem Film: kurz auf Pause drücken und dann – nach Corona – weiterschauen. Das Versäumte später nachholen. Doch das geht nicht. Weil das Leben keine Pausetaste hat. Es lässt sich nicht anhalten. Die Zeit ist zu lang geworden und zu viel ist geschehen.

Für das kleine Restaurant am Markt war der Druck zu groß. Der Besitzer ist ausgebremst: von einer 60 Stunden-Woche auf null.

Ihren Schulabschluss wird unsere Tochter nicht mehr nachfeiern. Ihren 18. hat sie noch gefeiert – corona-konform mit genau einer Freundin.

Und viel zu viele Menschen, von denen wir Abschied nehmen mussten.

Die Erfahrungen aus den Corona-Monaten werden bleiben. Manche positive, aber vor allem Schulden, Wunden und Verletzungen.

Es wird nicht wieder werden, wie es einmal war.

Das ist auch die Erfahrung, aus der die Bibel entstanden ist. Die Bücher des Alten Testaments, die Heiligen Schriften des Volkes Israel, wurden geschrieben, gesammelt nach dem tiefen Einschnitt des Exils. Auch nach der Rückkehr ins verheißene Land war es nicht wieder wie zuvor. Die Zeit dehnte sich und viele Erwartungen erfüllten sich nicht. Jerusalem und der Tempel blieben lange zerstört. Die verwüsteten Orte wurden nicht auf einmal zu grünen Gärten.

Die Bücher des Neuen Testaments wurden geschrieben, gesammelt nach dem tiefen Einschnitt von Tod und Auferstehung Christi. Das Kommen Christi und sein Reich ließen auf sich warten. Die Zeit dehnte sich und viele Erwartungen erfüllten sich nicht. Kommt er morgen, nächste Woche, nächstes Jahr, überhaupt einmal? Viele Glaubende starben, unter ihnen alle, die ihn noch mit eigenen Augen gesehen hatten. Die Gemeinden wuchsen, aber auch die Spaltungen nach innen und die Verfolgung von außen.

Es wird nicht wieder werden, wie es einmal war.

Damals suchten Menschen Antworten, um Gott und sich selbst zu verstehen. Sie setzten sich hin und schrieben auf, woran sie glaubten. Sammelten Texte, die ihnen Halt und Hoffnung gaben. Durch die sie Gottes Geist erfuhren. Worte, die ihren Glauben durch die Zeiten trugen.

Tragfähige Worte: Was hilft uns, uns zu verstehen, da auch unser Leben, unsere Gesellschaft, unsere Kirche nicht mehr so sein werden, wie sie einmal waren? Ein Schlüsseltext dafür ist in dieser Woche vor Rogate das Vaterunser. Das Gebet Jesu Christi lehrt uns, was es heißt, im wahrsten Sinne des Wortes „protestantisch" zu leben – mitten in der Pandemie. Eine Anrede, sieben Bitten und ein hymnischer Schluss. Mehr nicht. Kurze, knappe Sätze, die mein Denken und Handeln neu ausrichten. Druck-Punkte für meine Seele. Sie versetzen mich heraus aus sorgenvoller Starre hinein in heilsame Bewegung.

Zunächst die Anrede. „Vater unser im Himmel" – wir glauben, dass es mehr gibt, als es gibt. Mehr als Viren, Naturgesetze. Mehr als das, was Menschen machen. Wir glauben, dass es einen Himmel gibt. Und einen Gott, der uns hört. Dass wir durch Gott mit allen Geschöpfen als Geschwister verbunden sind. Mit Menschen, Tieren, Pflanzen. Das verleiht meinem Leben Weite und Heimat: Ich bin nicht allein. Bin geborgen in Gott. Das ist die erste Bewegung: Meine Seele weitet sich, spürt den Himmel in sich. Sie kommt zur Ruhe, findet Heimat in Gott als Schöpfer allen Lebens.

Dann die Bitten. Drei Bitten mit „Dein", vier Bitten mit „unser". Die zweite Bewegung meiner Seele. Raus aus der Sorge um mich selbst, der selbstfixierten Nabelschau. Hin zum „Du" – und zum „Wir". Zur Begegnung mit Gott und zur Gemeinschaft mit allen anderen.

„*Geheiligt werde dein Name*". Uns ist etwas heilig. Nicht unser eigener Ruf. Nicht der unserer Kirche. Sondern der Name Gottes. Und durch ihn der Name eines jeden Menschen. Wir heiligen

Gottes Namen, indem wir den Namen jedes Menschen heiligen. Den Namen unseres Nachbarn, dessen Verhalten uns in der Pandemie ärgert. Von Politiker/-innen, Lehrer/-innen und überhaupt „denen da oben", deren Job wir vermeintlich so viel besser machen könnten: Ihr Name ist uns heilig. Wir muten einander Wahrheit zu. Aber wir machen andere nicht schlecht.

„*Dein Reich komme.*" Gottes Reich erfahren wir, wo immer Menschen sich um andere kümmern. Erschöpften helfen. Traurige Trösten. Mit anderen teilen. Diese Liebesreich Gottes bestimmt auch uns. Uns ist niemand egal. Weil uns in jedem anderen Christus begegnet. So geschieht Gottes Liebeswille unter uns: „*im Himmel wie auf Erden.*"

„*Unser tägliches Brot gib uns heute*" – Während Corona erfahre ich: Mein normaler Alltag ist eine Gabe, ein Geschenk. „Mein tägliches Brot": ein Lächeln in der Straßenbahn, die Kaffee-Runde mit den Kolleg/-innen, der Besuch im Kino und Stadion, mich mit Freunden treffen. Für viele Menschen war manches davon auch vor Corona keineswegs normal. Ich lerne neu den Wert des Alltags. Bin beschenkt, wenn ich's oft nicht merke.

Und ja, wir haben einander viel zu vergeben. Andere mir und ich anderen. Im Nachhinein würde man sicher vieles anders machen. Ich auch. Auch diese Pandemie verleitet dazu, nach Schuldigen zu suchen. Irgendwelchen Irrsinn zu glauben: „*und führe uns nicht in Versuchung.*" Zu unserem Glauben gehört: Wir werden nicht von außen bestimmt. Weder durch Viren noch durch Schuld noch Verschwörungsphantasien. Uns bestimmt Gottes Liebe. Sie macht uns frei, mit anderen daran zu arbeiten, wie es nach der Pandemie sein wird. Wenn wir von diesem „Bösen" erlöst sind.

Am Ende des Vater Unsers dann der hymnische Schluss. Viele schwere Begriffe auf wenig Raum: *Reich, Kraft, Herrlichkeit, Ewigkeit*. Damit kann ich, ehrlich gesagt, oft ziemlich wenig anfangen. Ich bin nicht so der hymnische Typ. In den letzten Monaten sind sie mir aber anders wichtig geworden. Sie beschreiben eine dritte Bewegung meiner Seele. Meine Seele öffnet sich für Gottes Wirklichkeit: Sie geht aus sich heraus, verlässt sich auf Gott, rechnet mit seinem Wirken. Oder kurz gesagt: Sie hofft. Darum geht es im Hymnus: um Hoffnung. Ich lobe Gott und mache mir selbst bewusst: Es wird am Ende gut werden. Weil Gott regiert. Weil Gott die Kraft hat, zu retten. Das ist seine Form der Herrlichkeit: für andere da zu sein. Immerdar.

Protestantisch leben – mitten in der Pandemie. Das ist ziemlich exakt das Gegenteil von Querdenkerei. Es geht um Trost und Trotz des Glaubens. Eine tiefe, innere Widerständigkeit aus Gott.

Es wird nicht wieder werden, wie es einmal war. Das ist die eine Seite der Wahrheit. Die andere ist: „*Gottes Reich kommt.*" Deswegen: Seid trotzig und getrost. Seid für einander da. Und lasst uns aus Gottes Liebe leben. Das schenke uns Gott.

9. HIMMEL & HÖLLE

Gibt's die wirklich und, wenn ja, wo?

„Hier liegt N.N. begraben – er ist nicht hier.“ Der Pfarrer aus meinen Kindertagen meinte, dieser Satz sollte auf jedem Grabstein stehen. Der Gedanke ist mir hängengeblieben. Er beschreibt gut eine Spannung, die ich im Umgang mit Verstorbenen erfahre: Ich brauche Orte, an denen ich ihrer gedenken kann. Orte, um zu trauern, zu weinen, zu klagen, um Gespräche mit ihnen zu führen, stille zu sein, an sie zu denken. „Lücken-Orte“ ihrer gegenwärtigen Abwesenheit. An denen ihre sterblichen Überreste begraben liegen. Zugleich weiß ich, dass „sie“ nicht hier sind. Ja, ich glaube, hoffe sogar, dass sie es nicht sind. Womit sich natürlich die Frage stellt: Wo sind sie dann?

Vierzig Tage nach Ostern feiern wir Christi Himmelfahrt. Jesus Christus war der erste, dessen Grab mit dem Satz verbunden ist: „Er ist nicht hier.“ Die Auskunft des Engels an die Frauen, als sie kamen und ihn salben wollten. Mit Himmelfahrt endet die Zwischenzeit, in der nach Lukas der Auferstandene den Jüngerinnen und Jüngern erschienen ist (Apg 1,3). Dann – so heißt es weiter – „wurde er vor ihren Augen emporgehoben, und eine Wolke nahm ihn auf, weg vor ihren Augen.“ (1,9) Damit wäre zumindest klar, wo Jesus Christus ist: im Himmel. Wo auch sonst, will man meinen.

Doch nimmt man es genau, ist dies nur die halbe Geschichte. Jesus Christus fährt in den Himmel, aber vorher in das „Reich des Todes", in die Finsternis, die Schattenwelt. So bekennen wir es im Glaubensbekenntnis: „hinabgestiegen in das Reich des Todes". Lateinisch „descendit ad infernas" – wörtlich: „hinabgestiegen zu den Untersten". Eigentlich müssten wir daher in dieser Woche die „Höllen- und Himmelfahrt Christi" feiern. Das mag zunächst etwas seltsam anmuten. Tatsächlich spielt diese doppelte Reise Christi eine große Rolle und wird etwa auf orthodoxen Christus-Ikonen besonders betont. Denn dadurch verwandeln sich alle drei „Räume", die wir als „Himmel", „Hölle" und „Erde" bezeichnen.

Zunächst zur „*Hölle*", genauer gesagt, dem Totenreich, der Schattenwelt, hebräisch der Scheol: Es ist ein Bereich, der vom Leben abgeschnitten ist. Die Finsternis, die Gottesferne. Indem Jesus Christus dorthin hinabfährt, wird ein doppeltes gesagt: Er ist wirklich gestorben. Es ist der tiefste Punkt, an den er sinken kann. Doch zugleich verändert sich dieser Raum durch Jesus Christus. In Christus kommt Gott selbst in die Gottesferne. Damit bricht das Schattenreich in sich zusammen. Der Tod verschlingt in Christus den Schöpfer allen Lebens und verschluckt sich daran. Das heißt: Für Menschen, die an Christus glauben, gibt es keinen Bereich, an dem sie von Gott getrennt sind. Weil Christus selbst im tiefsten Schattenreich an ihrer Seite ist. Das Totenreich hört auf, ein Raum der Gottesferne und Finsternis zu sein. In Christus implodiert die „Hölle".

Dann zum „*Himmel*", genauer gesagt, dem Reich Gottes. Indem Jesus Christus dorthin fährt, wissen wir: Er hält uns einen Platz frei. Das machen erstgeborene Brüder so. Der Heidelberger Katechismus fragt in einer eindrücklichen Weise: „Was nützt uns die Himmelfahrt?" Dann entfaltet er diesen „Nutzen" umfassend und sehr schön[16]:

> „Erstens: Er ist im Himmel vor dem Angesicht seines Vaters unser Fürsprecher.
> Zweitens: Wir haben durch unseren Bruder Jesus Christus im Himmel die Gewissheit, dass er als das Haupt uns, seine Glieder, auch zu sich nehmen wird.
> Drittens: Er, sitzend zur Rechten Gottes, sendet seinen Geist zu uns, der uns die Kraft gibt, zu suchen, was droben ist, und nicht das, was auf Erden gilt."

In der Himmelfahrt Christi bekommen wir so Raum in Gott selbst, werden einbezogen in das göttliche Liebesgeschehen, das wir als Trinität beschreiben.

Und schließlich zur *Erde*. Indem Jesus Christus in das Reich des Todes und in den Himmel fährt, gibt er uns Raum hier auf Erden. Er macht uns Raum, damit wir in seinem Geist einander zu Christinnen und Christen werden. Zu Erstgeborenen der neuen Schöpfung, zu Menschen, die das Seufzen der anderen Geschöpfe hören und heilsam für andere handeln. In Christus nimmt sich Gott selbst zurück, damit wir Raum gewinnen in ihm.

Was heißt das nun für die Frage, wo unsere Verstorbenen sind – im „Himmel", in der „Hölle", dem Totenreich oder wo sonst? Durch Christi Tod und Auferstehung verwandeln sich alle diese Räume.

- Das „Totenreich" verliert seine Schrecken, weil es kein Raum mehr ist, an dem Christus nicht bei uns ist. Gott ist auch hier bei uns. Die Hölle implodiert.

- Der „Himmel" wird zum Raum, an dem Christus schon auf uns wartet und uns einen Platz freihält. Von diesem Liebesgeschehen her, bildlich gesprochen „von oben", wird unser Leben bestimmt.

- Und die „Erde" wird zu dem Raum, den Christus uns lässt, damit wir in seinem Geist leben und für einander zu Christ/-innen werden.

Unsere Verstorbenen sind in Christus, geborgen in Gott. Auch wenn dies in unseren Vorstellungen von Raum und Zeit nur schwer auszudrücken ist.

10. „WALKING ON WATER" – DAS PETRUS-DILEMMA
Wie können wir Kirche leiten?

„Der Wolken, Luft und Winden,
gibt Wege, Lauf und Bahn,
Der wird auch Wege finden,
da dein Fuß gehen kann."
(P. Gerhardt)[17]

In 2021 fand der Ökumenische Kirchentag in Frankfurt statt. Unter dem Motto „Schaut hin" ging es um aktuelle Fragen von Politik, Kultur, Gesellschaft, Religion – und auch darum, wie wir gemeinsam Kirche leiten können. Eine der für mich stärksten biblischen Geschichten dazu ist die von Petrus auf dem See (Mt 14,22–33). Es geht in ihr um den „anderen Traum" des Menschen: wenn nicht in der Luft zu fliegen, so doch auf dem Wasser zu gehen. Walking on water – Herr der Elemente sein, glauben in himmlischer Leichtigkeit, den Chaoskräften in Natur und Geschichte enthoben.

Die Erzählung bei Matthäus wird oft überschrieben mit „Der sinkende Petrus auf dem Meer". Was für fromme Miesepeterei!

Petrus ist ausgestiegen. Hinaus aus dem Boot. Wenn auch nur kurz, nur ein paar Schritte. Aber er ist gegangen. Dort, wo er nasse Füße bekam, hätten andere längst kalte Füße gehabt. „Petrus auf dem Wasser" ist die Geschichte eines Dilemmas, sie erzählt von einer unmöglichen Möglichkeit: Wie können wir Christus auf dem Wasser begegnen, wenn wir einen felsenfesten Glauben haben? „Der Felsenmann auf dem Wasser" – die Geschichte handelt von einem Menschen, der etwas riskiert, sich exponiert, nach außen tritt. Von einem Menschen, der sich von Christus rufen lässt, in „Ver-Antwortung" tritt, der untergeht und doch gegangen ist – und am Ende durch Christus heil im Boot mit den anderen sitzt.

Nur Matthäus erzählt die Geschichte von Jesu Gang auf dem Wasser mit dieser persönlichen Begegnung. Bei Markus wird die Geschichte wie eine Offenbarung Gottes im Alten Testament geschildert, wenn es heißt: „und [er] wollte an ihnen vorübergehen" (Mk 5,48). Die erschreckten, unverständigen Jünger bleiben wegen des Messias-Geheimnisses alle im Boot. Auch bei Johannes steigt niemand aus. Er steigert vielmehr den mirakulösen Charakter: Das Boot war „fünfundzwanzig oder dreißig Stadien" weit draußen, am Ende ist es „sogleich" an Land (Joh 6,19.21). Matthäus dagegen gestaltet das Wunder zu einer persönlichen Begegnung, bringt Petrus ins Spiel. Was mit seiner besonderen Rolle im Weiteren zusammenhängt (Mt 16,13ff.). Die Jünger, die im Boot waren, sprechen hier am Ende bereits aus, was Petrus später dann wiederholen wird: „Du bist wahrhaftig Gottes Sohn!" (14,20)

In der Geschichte geht es so – nachösterlich gelesen – darum, wie ein Mensch dem Auferstandenen begegnet und befähigt wird, in „Ver-Antwortung" zu treten, Führung zu übernehmen. Die Situation am Anfang spiegelt anschaulich das Gefühl der Gemeinde nach Ostern wider, das auch kirchlich Engagierten heute vertraut sein dürfte: Das Volk ist gegangen, die wenigen Jünger mühen sich im Boot ab, von Jesus ist herzlich wenig zu sehen oder zu spüren. Geradezu antitypisch skizziert Matthäus die beiden Situationen: Jesus „alleine", „für sich", „auf einem Berg", „um zu beten" (V.23); die Jünger im Boot „weit vom Land", „in Not durch die Wellen", „der Wind ihnen entgegen" (V.24). Hier ora, dort labora. Erst in der letzten, der vierten Nachtwache kurz vor dem Morgengrauen kommt es dann zu der Christus-Begegnung. Der Zeitpunkt ist wichtig, weil Christus zu den Jüngern – zu denen, „die da sitzen in Finsternis [...] und im Schatten des Todes" (Mt 4,16) – wie die Sonne kommt. Die Morgenstunde ist ein Hinweis darauf, dass es hier um den Auferstandenen geht. Darauf verweisen auch die Reaktionen der Jünger: Sie halten ihn für ein Gespenst, schreien vor Furcht, müssen von dem Erscheinenden getröstet werden (V.26f.). Wendungen, wie sie sonst in den Ostergeschichten begegnen. In dieser Situation – die Jünger, von allem Volk und von Christus verlassen, allein im Boot, im Kampf mit den Chaosmächten gegen den drohenden Untergang – kommt es dann zum „walk on the water". Dazu, dass einer von ihnen den klammernden Griff an die Scheinsicherheit des Bootes löst, sich rufen lässt und den Schritt hinaus ins Weite wagt.

Am Ende wird Petrus wieder im Boot mit den anderen sein. Nass, gescheitert, gerettet. Doch das Boot wird dann ein anderes sein. Weil der Auferstandene jetzt mit im Boot ist und der Wind sich gelegt hat. Doch wohlgemerkt: Sie steigen gemeinsam in das Boot, der nasse Petrus und der rettende Christus (V.32). Die Begegnung mit dem Auferstandenen findet draußen statt – jenseits der Bootsplanken, außerhalb der Mauern der Kirche. Paradox gesprochen, hat die Gemeinde ihre Mitte immer außen. Sie begegnet dem auferstandenen Christus auf den Wellen der Welt. Auch wenn sie selber dabei immer wieder zu versinken droht. Auch wenn ihr Glaube immer riskant bleibt, niemals sicher fixierbar. Sitzenbleiben wäre keine Alternative. Anders ist Christus nicht zu haben. Glauben heißt, aus dieser trotzigen Hoffnung zu leben: Am Ende aller Stürme, Nächte und Chaosmächte wird das Meer einmal daliegen – ruhig, strahlend, wunderschön – und im Glanz eines neuen Himmels leuchten. Nur im Vertrauen auf dieses Wunder und in dem Mut, sich selbst nasse Füße zu holen, können wir Kirche leiten.

Petrus-Dilemma

Weiter so im Boot hocken bleiben,
wäre der Tod im Topf.
Doch es ist nicht leicht,
für felsenfest Glaubende
auf dem Wasser zu gehen.
Es gelingt nur,
wenn uns Christus begegnet
im Licht der aufgehenden Sonne
im Wind eines verwehenden Schweigens.

11. „TURMDENKEN" – UND DER ANDERE TRAUM GOTTES

Gott als Spielverderber?

In der Geschichte vom Turmbau zu Babel (1. Mose 11, 1–9) kommt Gott nicht so wirklich gut rüber[18]: Die Menschen arbeiten emsig, entwickeln neue Baustoffe, erbauen eine Stadt, einen Turm, das erste Weltkulturerbe. Und das alles mit hoch sozialer Gesinnung: „denn wir werden sonst zerstreut über die ganze Erde". Und dann erscheint Gott und macht es kaputt. Nicht sehr nett. Das passt eher zu einem Kindergartenkind, das im Sandkasten wütet, als zum souveränen Schöpfergott. Dazu die Begründung: „Dies ist der Anfang ihres Tuns; nun wird ihnen nichts mehr verwehrt werden können von allem, was sie sich vorgenommen haben zu tun." Das klingt nach neidischem, großem Bruder, der Angst hat, dass ihm die Felle wegschwimmen. Gott – ein eifersüchtiger Kultur-Vernichter?

Fragen an „Menschheitsträume"

Der Schlüssel zu der Geschichte liegt in der Ortsangabe „Babel".[19] In der Erzählung spiegelt sich die Gewalterfahrung der Israeliten, die selbst gezwungen waren, einen Weltenturm zu bauen. Nebudkadnezar II. als Herrscher des neubabylonischen

Großreiches unterwarf im 6. Jh. v Chr. Völker, deportierte Menschen, beutete sie aus. Der „Turm" von Babel, inspiriert durch den über 90 m hohen Tempelturm des Marduk-Heiligtums, war Symbol einer grausamen, imperialen Herrschaft. Darin liegt die Pointe der Geschichte: Der große „Menschheitstraum" ist in Wahrheit allzu oft der blutige Traum weniger Mächtiger auf Kosten vieler anderer. Der „Turmbau zu Babel" handelt so von dem zweiten, dem „sozialen" Sündenfall der Menschen. Dabei wird der Bruder nicht erschlagen („Wie grob, Kain, das geht doch eleganter!"), sondern die Geschwister werden ausgebeutet für die eigenen Träume. Das zeigt sich bis hin zu monumentalen Bauprojekten für Weltprojekte unserer Tage. Die Fußball-Stadien für die WM in Quatar lassen grüßen. In Aufnahme von Bertolt Brechts „Fragen eines lesenden Arbeiters"[20]:

> Wer hat die Ziegel gebrannt und den Mörtel gerührt für den Turm von Babel?
>
> Wer war später dafür zuständig, ihn sauber zu halten?
>
> Von wem stammten Gold, Silber, Edelsteine, um ihn zu schmücken?
>
> Und waren dies dieselben, die sprachen:
>
> „Wohlauf, lasst uns einen Turm bauen …?"

Das „Brennen der Ziegel" – es ist die Tätigkeit der unterdrückten Israeliten in Ägypten wie in Babylon (1. Mose 11; 2. Mose 5), Sinnbild der Knochenarbeit, für die auch in Deutschland meist Menschen aus anderen Ländern ranmüssen.

Wider das „Turm-Denken"

Gott tritt nicht der kulturellen Selbstverwirklichung des Menschen entgegen, sondern einem imperialen „Turm-Denken". Der Turm ist hier architektonischer Ausdruck einer gnadenlos geschichteten Gesellschaft: von den Eliten in den obersten Etagen bis zu den Reinigungskräften ganz unten – zumeist Menschen anderer Herkunft. Das ist die Verlogenheit des „Wir" in den senkrechten, „vertikalen" Menschheitsträumen.

An Pfingsten setzt Gott dem seinen ganz anderen, horizontalen Traum entgegen. Einen Traum, an dem alle teilhaben:

> „Parther und Meder und Elamiter und die da wohnen in Mesopotamien, Judäa und Kappadozien, Pontus und der Provinz Asia, …" (Apg 2,9).

Oder in der Bild-Sprache der Propheten Israels:

> „Auch will ich zur selben Zeit über Knechte und Mägde meinen Geist ausgießen." (Joel 3,1f.)

Dies haben Menschen in den Gemeinden seitdem immer wieder erfahren: Mächtige und Knechte nehmen gemeinsam Platz am Tisch Christi, dieses ganz anderen „Herrn", der gleichsam selbst in einem Bauwagen zur Welt kam. Auch wenn das Handeln der Kirche oft dahinter zurückblieb: Der Geist Gottes ist „aus der Flasche". Wir haben Teil an diesem Traum Gottes, dass jeder „unter seinem Weinstock und Feigenbaum wohnen" soll und niemand den anderen „schrecken". (Micha 4,4)

12. MEIN LIEBLINGSDÖNER, DIE KLEINE KRÄHE UND ICH

In der Nähe meines Arbeitsplatzes gibt es einen Dönerladen. Genauer gesagt nicht einen, sondern „meinen" Dönerladen. Er liegt rund 300 m weg, so dass ich in Mittagspausen kurz rüber laufen kann. Der vegetarische Döner ist gut, richtig gut. Was den Imbiss aber eigentlich besonders macht, sind die Menschen dort.

Als ich das erste Mal da war, wurde ich in die Kunst der Zubereitung eingeführt:

> „Mögen Sie ihn mit gebratenem Gemüse, mit Couscous oder gemischtem Salat? Mit oder ohne Zwiebeln, scharfem Gewürz, Käse, Bohnen, Paprika, Krautsalat, Tomaten? Und welche Sauce hätten Sie gerne dazu?"

Beim zweiten Besuch:

> „Aah, wie immer: ‚Ohne Zwiebeln, ohne Sauce, ohne scharfes Gewürz, mit Käse – zum Auf der Hand Essen'?"

Respekt. Was für eine Leidenschaft und Sorgfalt! Da hat mich jemand wahrgenommen, trotz Corona-Maske. So aufmerksam zugewandt würde ich gerne als Kirche auf Menschen zugehen. Personalisierte Kommunikation des Evangeliums:

> „Was ist Ihnen am Glauben wichtig? Und was können
> wir für Sie tun, um Sie zu stärken? Brauchen Sie für
> Ihr Leben Zwiebeln, welche Sauce, mit oder ohne
> scharfes Gewürz?"

Das hat nichts mit Beliebigkeit zu tun, sondern mit persönlicher Zuwendung – ganz im Sinne von Paulus:

> „Ich bin allen alles geworden, damit ich auf alle Weise
> etliche rette." (1. Kor 9,23)

Kirche als Lebensbegleiterin und geistliche Herberge, die konsequent von Menschen und Kontakten her gedacht wird und nicht von eigenen Angeboten oder Verwaltungsstrukturen.

Meinen Döner esse ich dann meist auf der Bank vorm Landeskirchenamt. Gemeinsam mit einer Krähe. Zuerst habe ich noch versucht, sie wegzuscheuchen. Ich war genervt von ihrer wenig kaschierten Futter-Schieligkeit. Ohne Erfolg. In gebührenden Abstand saß sie da und schaute mit ihren schwarzen Krähen-Augen weiter zu mir rüber. Mit Erfolg. Irgendwann warf ich angesichts solcher Beharrlichkeit das Handtuch oder, genauer gesagt, die Brotstückchen. Was für einen reicht, reicht auch für zwei. Noch dazu, wenn die andere eine kleine Krähe ist. Von Mahlzeit zu Mahlzeit hoppelte sie nun etwas näher heran. Vielleicht bilde ich mir das in einer romantisierenden Anwandlung auch nur ein. Sei´s drum. Wenn Franz von Assisi den Vögeln predigte, so habe ich zumindest Mittagspicknick mit meiner kleinen Krähe. Mittlerweile habe ich raus, dass sie Gemüse weniger mag und mehr auf Fladenbrot steht. Ihrem Wikipedia-Artikel zu Folge sind Krähen ja alles-fressend (omnivor)[21]:

„Da Raben und Krähen opportunistisch bei der Nahrungssuche vorgehen [...], können regional und saisonal die Anteile bestimmter Futterquellen an der Nahrung schwanken."

Opportunismus hin oder her, meine Krähe ist auf jeden Fall ein Kohlenhydrat-Junkie. Wahrscheinlich würde sie sich auch über Lammfleisch freuen. Das brächte aber meinen Döner-Verkäufer durcheinander. Also bleibt es bei der vegetarischen Variante.

Tatsächlich beschäftigt mich nach ein paar gemeinsamen Picknicken die Frage, wer bei der alten Geschichte von Franziskus und den Vögeln eigentlich wem gepredigt hat. Bei Jesus und den Spatzen in der Bergpredigt waren es zumindest nicht die Menschen, von denen die Vögel etwas lernen konnten. Nun will ich meine kleine Krähe nicht idealisieren. Krähen können als Nesträuber wirkliche Mistkerle sein. Ich weiß nicht einmal, ob die Krähe unsere Begegnungen auch als „gemeinsames Picknick" bezeichnen würde. Für mich ist aber der Kontakt gerade auch zu Tieren und Pflanzen ein Feld, auf dem wir als Christinnen und Christen lernen können, was es heißt, aus Gottes Geist zu leben. Um noch einmal Paulus zu bemühen:

> „Das ängstliche Harren der Kreatur wartet darauf,
> dass die Kinder Gottes offenbar werden. [...]
> Denn auch die Schöpfung wird frei werden von der
> Knechtschaft der Vergänglichkeit zu der herrlichen
> Freiheit der Kinder Gottes." (Röm 8,19ff.)

Dazu ist uns der „Geist als Erstlingsgabe" anvertraut. Das mag etwas seltsam klingen. Und vielleicht würde das die kleine Krähe auch so sehen. Aber es ist eine Zukunftsfrage für uns als Kirche, was wir von unserem Glauben her zu einer versöhnten

Lebensweise zwischen uns Menschen und unserer Mitschöpfung beitragen können. Auch hier geht es – wie beim Dönerladen – um Sorgfalt, Leidenschaft, persönlicher Wertschätzung. Ein Leben im offenen Kontakt zu anderen. Open minded. In der Gegenwart des Geistes Christi.

Direkt neben „meinem" Dönerladen gibt es übrigens noch einen Imbiss mit asiatischen Angeboten, den ich jetzt getestet habe. Aber das ist eine andere Geschichte.

Krähen-Gedanken

Wir sitzen
zusammen oder in der Nähe.
Wir essen
gemeinsam oder zeitgleich.
Zumindest
vom gleichen Brot.
Wir werden uns wohl niemals
verstehen.
Doch das geht mir
mit vielen Menschen ähnlich.
Vom Segen, Dir zur begegnen,
nimmt das nichts.

13. Fragen-Wechsel
Von nervenden, drängenden und befreienden Fragen

Es gibt Fragen, die können einem ziemlich auf die Nerven gehen. So geht es mir bei einer bestimmten Art von Fragen mancher Interviewer/-innen.

> „Lieber Herr Latzel, wie lange meinen Sie, wird es Kirche denn überhaupt noch geben? Was wollen Sie tun, um die Kirche noch zu retten?"

Nun gehört das kritische Nachfragen zu den elementaren Aufgaben von Journalist/-innen. Unerlässlich für unsere offene, demokratische Gesellschaft. Problematisch wird es für mich, wenn die Fragen einen suggestiven Charakter bekommen. Wenn sie Klischees transportieren und nicht am Verstehen, sondern am Vorführen interessiert sind. Dann wird das journalistische Aufklärungspathos zur bloßen Attitüde, hinter der sich die eigenen Vorurteile verbergen. Sprachlicher Marker dafür ist das kleine „noch". Konkret gesagt: Kirche Jesu Christi gibt es seit 2000 Jahren. Länger als unabhängigen Journalismus. Das Christentum wächst weltweit. Und die Kirche lebt – theologisch gesprochen – aus der Zusage, dass Christus selbst bei ihr ist „bis ans Ende der Welt" (Mt 28,20). Selbstrettungsaktion abgeblasen.

Auch die Annahme, je moderner ein Mensch, desto weniger religiös sei er, ist religionssoziologisch längst überholt. Kritischer müssten mir hier die Kritiker sein. Gerade auch im Interesse der vielen kompetenten Journalist/-innen, die ich kenne: „Stellen Sie Ihre Fragen gerne noch einmal neu."

Damit komme ich zu einer anderen Art von Fragen. Berechtigte, kritische Fragen, die relevant und drängend sind. Dazu gehört für mich: Was wird aus dieser konkreten Gestalt unserer Kirche? Wie erreichen wir Menschen mit dem Evangelium von Jesus Christus – und zwar in einem freien, offenen Glaubens-Verständnis? Eine Sichtweise, in der Glauben und Freiheit unbedingt zusammengehören. In der Frauen, Männer, diverse Menschen selbstverständlich gleichberechtigt sind. In der Glauben und Denken einander nicht ausschließen. In der es nicht um das private Seelenheil einiger weniger geht, sondern um das Wohl der ganzen Schöpfung. In der die eigene Identität nicht auf Kosten anderer gepflegt wird. Eine Kirche, die sich eben von Jesus Christus und seiner Botschaft der unbedingten Annahme und radikalen Feindesliebe her versteht. Diese Fragen beschäftigen mich persönlich wie wohl viele Menschen mit kirchenleitender Verantwortung. Weil es ihnen wie mir hier um mehr geht als um den Erhalt irgendeiner religiösen Institution mit rückläufigen Mitglieder-Zahlen. Deshalb beschäftigen und begleiten mich diese Fragen persönlich, auch wenn ich schlafengehe oder aufstehe. Denn auch wenn Religionen und speziell auch christliche Religion weltweit wachsen, für diese Sicht des Glaubens und ein weltoffenes Kirchenverständnis gilt dies keineswegs. Den populistischen Reiz zur „Identität durch Ausgrenzung" und zu simplen Schwarz-Weiß-Bildern gibt es nicht nur im politischen Bereich.

„Stellen Sie Ihre Fragen gerne noch einmal neu." Als ich mich kürzlich mit einem Freund über diese Themen unterhielt, verwies er mich auf ein Buch von Simon Sinek mit dem Titel „Start with why."[22] In ihm geht es darum, wie Führungskräfte erfolgreich Veränderungen inspirieren können. „Frag zuerst: Warum." Warum ist es mir persönlich eigentlich wichtig, dass es diese konkrete Gestalt unserer Kirche gibt? Das ist das eine, innere Warum. Und warum ist es für die anderen, unsere Gesellschaft, weit gesprochen die Schöpfung, die Welt wichtig, dass es sie gibt? Dies ist das andere, äußere Warum. Die Veränderung der Frage finde ich heilsam irritierend und befreiend. Weil sie mir einen anderen Blick öffnet. Darauf, worum es bei der Frage nach der „Zukunft der Kirche" eigentlich geht. Was für mich persönlich, geistlich, gesellschaftlich hinter dem Anliegen zu ihrem Erhalt liegt. Warum will ich das?

Offene Liste, warum mir meine evangelische Kirche wichtig ist

- Weil ich mir ein Leben ohne Gott, Seele, Ewigkeit zwar vorstellen kann, aber niemals wünschen würde. Diesen Glauben an Gott habe ich niemals ohne die anderen.
- Weil mir in Christus die grenzenlose Liebe Gottes begegnet. In ihr spielt es keine Rolle, wer jemand ist, woher er herkommt, wie sie aussieht, wen er oder sie liebt. In der Gemeinde wird für mich etwas von dieser Liebe Gottes erfahrbar.

- Weil ich zu einer weltweiten Gemeinschaft von Schwestern und Brüdern gehöre, die sich aktiv für andere engagieren. Mir sind wie ihnen die Schöpfung und das Leben anderer Menschen nicht egal. Wir leben in der Hoffnung, dass Gott einmal alles Leiden beenden wird.

- Weil mich Gottes Geist dankbar, trotzig und getrost macht. Er befreit mich von der Sorge um mich selbst zur Liebe für andere. Er hilft mir, meine Schönheit zu entfalten und die anderer wertzuschätzen. Gottes Geist wird mir zugesprochen. Das kann ich mir nicht selber sagen.

- Weil mich die Geschichten der Bibel durch mein Leben begleiten. Um sie recht zu verstehen, braucht es eine lebendige Erzählgemeinschaft. Eine Gemeinschaft, in der Denken und Glauben zusammengehören und in der Wahrheit Gottes nichts ist, was ein Mensch besitzt.

- Weil der Glauben mein Leben nicht einfacher, aber schöner, tiefer und freier macht. In Gott finde ich Ruhe. Und ich werde durch ihn über Grenzen bewegt. Gemeinsam mit anderen, fremden Menschen, die sich so von Gott bewegen lassen.

- Weil ich in Gott immer jemanden habe zum Danken, Loben, Klagen. Manchmal tue ich das laut im Gottesdienst für andere und oft tun es andere für mich.

14. MEINE KLEINE, GELIEBTE, IDIOTISCHE SEELE

Von der Kunst, mit sich selbst alleine zu sein

Do., 3. Juni 2021, Fronleichnam. Einer der Lieblingsfeiertag unter evangelischen Pfarrer/-innen. Die katholischen Schwestern und Brüder feiern – und wir haben frei. Soweit so ökumenisch fein. Dummerweise war mein Corona-Schnell-Test am Morgen zuvor positiv. Also zusätzlicher PCR-Test im Testzentrum, dann zweieinhalb Tage Quarantäne. Bei schönstem Wetter, in der kleinen Dachstube meiner Zwischenwohnung in Ratingen. Persönlicher Lockdown. Mönchszelle 2.0.

Nun, mit anderen umzugehen, ist nicht immer einfach. Noch schwieriger ist es mitunter, mit sich selbst klarzukommen. Und das eine hängt mit dem anderen zusammen. „Liebe deinen Nächsten wie dich selbst." Das klingt gut. Doch an manchen Tagen ist meine Seele einfach ein ziemlicher Idiot. Sorry, ist nicht persönlich gemeint. „Idiot" meint ja ursprünglich jemanden, der nur an das eigene denkt (griechisch idios). Und das tut meine Seele, tue ich selbst, an „idiotischen" Tagen. Meine Seele macht sich dann klein, wird krümel-krämerisch, kreist um sich bzw. mich, als wäre mein Nabel der Nabel der Welt – und nicht einer von sieben, acht Milliarden. Wenn ich dann mit mir selbst nicht im Reinen bin, kann ich meist auch mit anderen schlechter umgehen. Schon gar nicht mit Telefon-Dauerschleifen von Testzentren („Sorry, I made you wait").

Das Gefühl kennen wohl viele. Gerade in der Corona-Zeit wurden wir kollektiv auf einmal viel stärker mit uns selbst konfrontiert, ein nicht freiwillig gewähltes Alleinsein. Das tut auf die Dauer nicht gut. Weil wir uns selbst nicht immer die beste Gesellschaft sind. Dietrich Bonhoeffer etwa beschrieb das so:

> „Wer nicht allein sein kann, der hüte sich vor der Gemeinschaft. […] Wer nicht in der Gemeinschaft steht, der hüte sich vor dem Alleinsein."[23]

Oder die Psalmen. In ihnen ringt der Beter immer wieder mit der besorgten, ängstlichen, verzagten Stimme in seinem Inneren:

> „Was betrübst du dich, meine Seele,
> und bist so unruhig in mir …". (Ps 42,6 und 12)

Er fordert sie auf, ruhig, stille zu sein, anderen zu vergeben, Gott zu loben, sich an der Schöpfung bzw. sich selbst zu freuen. Doch das ist leichter gebetet als gelebt. Es fällt oft schwer, mit sich selbst gnädig zu sein. Weil es eben Dinge gibt, die ich mir selbst nicht sagen kann: „Ich liebe dich." „Du bist frei." „Ich bin bei dir." Solche Schlüssel-Sätze des Lebens entfalten ihre Kraft erst, wenn jemand anderes sie mir zuspricht. Als Mensch bin ich ein „exzentrisches" Wesen: Ich habe meine Mitte außerhalb meiner selbst. Bin angewiesen darauf, dass ein anderer die fremden Wunderworte spricht, die mich erlöst, vergnügt, befreit machen. Doch ich brauche sie paradoxerWeise gerade dann, wenn kein anderer da ist, der sie spricht.

Die Kunst, mit sich selbst alleine zu sein. In den Psalmen kommt hier Gott ins Spiel. Nicht so, dass er auf einmal aus dem Nichts auftaucht und dann laut und vernehmlich sprechen würde. Kein „Theater-Gott", kein „deus ex machina". Aber doch so, dass der Mensch, der da spricht und mit seiner kleinen, idiotischen Seele ringt, auf einmal frei wird. Höhe, Tiefe, Weite spürt. Innerlich zu singen, zu lächeln beginnt. Oder zumindest zu schmunzeln. In der Sprache der Psalmen heißt das dann loben und klingt so:

> „Unsre Seele ist entronnen wie ein Vogel dem Netz
> des Vogelfängers;
> das Netz ist zerrissen, und wir sind frei." (Ps. 124,7)

Oder:

> „Die Ströme sollen in die Hände klatschen
> und alle Berge seien fröhlich vor dem HERRN."
> (Ps 98,8)

Gott als stilles Gegenüber verändert meine intimsten Selbstgespräche. Selbst, wenn ich ihn nicht spüre, mehr erhoffe als glaube, dass er da ist: Seine verborgene, erhoffte Gegenwart verändert mein Alleinsein. Das Gebet ist ein Möglichkeitsraum Gottes, eine Zeit, in der ich mir bewusst werde, dass er da ist, da sein könnte. Und das lässt sogar mein Sorgen-Selbst nicht unberührt.

Gott als Gegenüber, um mit mir selbst allein sein zu können. Ein Horizont der Ewigkeit, der sich auftut. Und für meine Seele öffnet sich eine Tür, um aus meinem Sorgendenken herauszutreten, mich von meiner Selbstverkrümmtheit zu lösen. Meine kleine, geliebte, idiotische Seele: sie erkennt im Horizont der Gegenwart Gottes, dass sie liebenswert, wunderschön, einmalig ist.

Wie die Seele jedes Menschen, jedes Tiers. Das verändert mein Alleinsein. Weil mir in Gott die anderen, die Schöpfung auf einmal ganz nahekommen. Das Alleinsein wird zu einer Zeit tiefer Begegnung. Und die Stille erhält einen neuen Klang. Selbst in warmen Dachstuben.

Als schließlich die Mail mit dem Ergebnis des PCR-Tests kam (negativ), war das natürlich befreiend. Einfach rausgehen, Sonne, Luft, nach Hause zur Familie fahren. Aber der eigentliche Austritt aus meiner Mönchszelle hatte schon vorher begonnen. Als sich in mir etwas verändert hatte, meine Seele mit sich, Gott, dem Leben wieder im Reinen war. Auch wenn ich Telefon-Dauerschleifen weiterhin doof finde.

Seelen-Rillen-Wechsel

Manchmal hakts in mir
wie eine alte Platte
immer die gleiche Tonspur.
Bis es auf einmal springt.
Seelen-Rillen-Wechsel
und eine Melodie erklingt
bei der selbst mein Sorgen-Ich
lächeln muss.

15. Vom verborgenen Leuchten Gottes

Meine erste Erfahrung, als ich zum Präses gewählt wurde, war: Auf einmal stellen mir Menschen viele Fragen. Ich hatte den Blumenstrauß noch nicht aus der Hand, da war ich schon mitten drin in mehreren Pressegesprächen.

„Herr Latzel, wie sieht die Zukunft der Kirche aus?

Was sagen Sie zum assistierten Suizid?

Wie beurteilen Sie die Corona-Schutzmaßnahmen der Politik?"

Nun ist es natürlich für das eigene Ego schön, im wahrsten Sinne des Wortes eine „gefragte Person" zu sein. Man muss sich nur davor hüten, zu meinen, immer auf alles eine Antwort haben zu wollen.

Die Zukunft zu kennen, ist per se Sache Gottes.

Auch als Präses weiß ich nicht mehr über Corona als andere Bürger/-innen.

Zur komplexen Frage eines assistierten Suizids haben wir allerdings theologisch tatsächlich etwas beizutragen.

Was mich aber seit meiner Wahl zunehmend verwundert, ist, wonach ich nicht gefragt werde. Nach Gott. Das kann man verschieden interpretieren.

Vielleicht wissen die Leute schon alles von Gott. Das wäre toll, denn dann hätte ich selbst noch ein paar Fragen.

Oder wir haben aktuell schlicht drängendere Probleme. Frei nach Woody Allen: Ob es Gott gibt oder nicht, ist das eine. Aber versuch mal, vor dem Urlaub noch einen Impftermin zu bekommen.

Oder die Frage hat sich für viele erledigt – einfach, weil sie als unbeantwortbar gilt. Nichts Genaues weiß man nicht.

Irgendwann hat es dann bei mir Klick gemacht: Meine vornehmste Aufgabe als Präses wie als Christ ist es nicht, die Frage nach Gott zu beantworten, sondern sie überhaupt zu stellen. Wo ist Gott? Als Grund, Ziel, Licht der Welt. Als Horizont, vor dessen Hintergrund ich selbst anders leben kann. So, dass es für die anderen Fragen nach Zukunft, Pandemie, wie wir leben und sterben eine Rolle spielt

> „Und Gott, der HERR zog vor dem Volk her, am Tage in einer Wolkensäule, um sie den rechten Weg zu führen, und bei Nacht in einer Feuersäule, um ihnen zu leuchten, damit sie Tag und Nacht wandern konnten. Niemals wich die Wolkensäule von dem Volk bei Tage noch die Feuersäule bei Nacht."
> (2. Mose 13, 21 f.)

Ein starkes Bild: Das Volk Israel zieht durch die Wüste und Gott geht vor ihm her in Wolken- und Feuersäule. Es beschreibt eine tiefe Glaubenserfahrung Israels, an der wir als Christinnen und Christen Anteil haben. Für die Frage „Wo ist Gott?" finden sich hier verschiedene Hinweise.

1. Gott ist gegenwärtig und zugleich unverfügbar. Ein Leuchten, das in einer Wolke verhüllt ist. Ich habe Gott nie, sondern lebe in seiner verborgenen Gegenwart.

2. Gott ist das, was mir Kraft und Orientierung gibt. Ein Feuer. Eine Säule, die vor mir herzieht.

3. Gott bewegt mich, gemeinsam mit anderen durch die Wüste zu ziehen. Hin zu einem neuen Leben, zum verheißenen Land. Ich erfahre Gott, indem ich so von ihm bewegt werde. Indem er mein Denken, Handeln, Wachen, Schlafen, mich selbst ganz bestimmt. Das meint: bei Tag und Nacht zu wandern.

Was heißt das nun für die vielen anderen Fragen, die ich eingangs erwähnt habe und vor denen wir gemeinsam stehen?

Zunächst die Sache mit der *Zukunft*: Wir wissen letztlich nicht, wie sie aussehen wird. Weder für die Kirche noch für die Gesellschaft, noch für uns selbst. Da ist Gott vor. Und die Pandemie hat uns hier noch einmal neu Bescheidenheit gelehrt. Was aber nicht heißt, dass wir keine Orientierung haben. Unsere Aufgabe ist es, aus der unverfügbaren Nähe Gottes zu leben, uns selbst in seinem verborgenen Licht zu sehen, uns von Gott als allumfassendem Liebesgeschehen bewegen zu lassen. Wo das hinführen wird, wissen wir nicht. Das ist Gottes Sache. Unsere Aufgabe als Kirche ist es daher auch nicht, Gott zu Menschen zu bringen oder Antworten auf alle Fragen zu haben. Unsere Aufgabe ist es, nach Gott zu fragen, sein verborgenes Leuchten im Leben der anderen zu entdecken. Oder, wie es in dem Perspektiv-Text der Rheinischen Kirche heißt: Wir sind „Lobbyistinnen der Gottoffenheit".

Gottes unverfügbare Gegenwart ändert dann auch unseren Umgang mit den Fragen am *Lebensende*, beim Sterben. Dem eigenen wie dem der Menschen, die uns nahestehen. Wir nehmen wahr, was Menschen brauchen. In jeder Zeit des Lebens. Gerade auch in der letzten Lebensphase, im Sterben. Und es ist gut, dass wir in der Kirche stellvertretend eine Diskussion führen, die wir als Gesellschaft insgesamt brauchen. Wir verkürzen die Frage nicht auf die des assistierten Suizids. Weil es hier um mehr geht. Wir helfen anderen im Sterben. Und wir respektieren es, wenn sie sich anders als wir entscheiden. Aber wir haben keine Angebote dafür, dem Leben selbst ein Ende zu setzen.

Und schließlich die Sache mit der *Corona-Politik*. Ja, hier sind Fehler passiert, haben manche Menschen Dinge ausgenutzt, würde man heute manches anders machen.

Im Horizont der Liebe Gottes stellen sich mir aber ganz andere Fragen:

Verhalten wir uns so, dass wir nur gemeinsam durch diese Wüste kommen – mit allen Menschen, weltweit?

Lebe ich so, wie ich es mir von anderen in der Pandemie wünsche?

Und wo bin ich selbst bereit, für andere Verantwortung zu übernehmen, auch wenn ich dadurch keine Freunde gewinne?

Gott ist nicht einfach die Antwort auf alle Fragen. Aber nach ihm zu fragen verändert mich, meine Perspektiven und auch meine Lebensfragen. Der Horizont eines anderen, erlösten, befreiten Lebens scheint auf. Ein Leben, das mit Frieden, Gerechtigkeit und Bewahrung der Schöpfung wirklich Ernst macht.

Vom verborgenen Leuchten Gottes

Wo bist Du, Gott?
Ich weiß es oft nicht.
Kann Dich nicht zeigen.
Hab keine einfache Antwort
auf viele schwierige Fragen.
Doch ich suche Dich.
Dein verborgenes Leuchten.
Und vertraue darauf, dass Du da bist.
Immer schon.
Als Wolkensäule bei Tag
und als Feuersäule bei Nacht.
Verschieden in Gestalt. Verhüllt, verborgen.
Doch tiefenmächtig. Feurig. Erhaben.
Du bist mir Kraft. Orientierung.
Nimmst mich hinein
in die Bewegung Deiner Liebe.
Du leuchtest in der Welt.
Das lässt mich wandern – bei Tag und bei Nacht.
Gemeinsam mit anderen durch die Wüste.
In eine Zukunft,
die wir nicht kennen.
Doch von der ich weiß,
dass Du dort auf uns wartest.
Amen.

16. „The Shape of Water" und die mystische Seite Gottes

Ein Ort besonderer theologischer Erkenntnis ist für mich der Kinosaal. Weil wir hier gemeinsam Geschichten lauschen: Erzählungen vom Finden, Verlieren, Versuchen, Versagen, vom ewigen Kampf zwischen Gut und Böse und von unserem eigenen Leben irgendwo da mitten drin. Die Kinos sind die Lagerfeuer unserer Zeit, auch wenn sie in der Corona-Zeit oft erloschen waren. Mitten in der Dunkelheit flackern Bilder, wie die Welt sein könnte.

Einer der religiös interessantesten Filme, die mich persönlich in der letzten Zeit beschäftigt haben, ist „The Shape of Water" vom Regisseuer Guillermo del Toro (2017), der im Folgejahr gleich vier Oscars erhielt.[24] Wer den religiösen Grundkonflikt in den USA, aber nicht nur dort, begreifen will, wird in dem Film fündig. In ihm wird ein Liebesmärchen erzählt, im Retro-Stil, Anfang der 60er Jahre.

Elisa Esposito, eine sensible, stumme Reinigungskraft, verliebt sich in einer geheimen Forschungseinrichtung des US-amerikanischen Raumfahrtprogramms in ein gefangenes, magisches Wesen aus dem Amazonas und rettet es gemeinsamen mit ihren Freund/-innen vor dem sicheren Tod.

Das Böse in der Geschichte hat die Gestalt eines weißen Protestanten: Richard Strickland, ein skrupelloser Befehlshaber. Strickland ist ein sogenannter religiöser „Suprematist", tief überzeugter Anhänger von der Überlegenheit des weißen, amerikanischen Mannes als Krone der Schöpfung. Ob Behinderte, Frauen, Afroamerikaner, Russen, Chinesen – sie alle sind minderwertig in seinen Augen. Erst recht dieses fremde Wesen. Und wie in vielen Filmen so ist auch hier das Böse geschwätzig. Strickland verbreitet seine Glaubenssicht an alle, die es hören wollen oder nicht: „Das Geschöpf ist nicht wie wir ähnlich dem Herrn. Wir sind dem Herrn ähnlich, ich eher als Sie." Jesus als weißer US-Amerikaner.

Stricklands gnadenlose Herrschafts- und Leistungsreligion wendet sich gegen alles Fremde und am Ende in Akten fortschreitender Selbstzerstörung gegen sich selbst. Exemplarisch dafür die Geschichte vom Tod Simsons, die er als Leitbild für sein eigenes Handeln erzählt: lieber sterben als versagen. Sein Glaube fußt auf einer Identität durch Abgrenzung und auf der Verdinglichung alles anderen. Das einzige, was für ihn zählt, ist die Anerkennung durch seinen General und sein petrol-farbener Cadillac.

Als Gegenbild dazu die Religiosität Elisas, eine sensible, fragile, fließende Spiritualität, die sich in vielen kleinen „Ritualen des Alltags" ausdrückt: den Frühstückseiern beim Kochen zusehen, morgens in der Badewanne masturbieren, die sorgfältig ausgewählten Schuhe putzen, dem Lauf der Regentropfen an der Busscheibe zuschauen. Überhaupt hat das Wasser eine mystische, quasi religiöse Bedeutung im Film: Alles ist irgendwie im Fluss; sie reinigt die männlich dominierte Forscherwelt von Blut,

Urin, Schmutz; es regnet immer wieder; am Ende durchdringt Wasser den Kino-Saal, der unterhalb ihrer Wohnung liegt. Das Wasser als Ursprung (arche) von allem, Thales von Milet lässt grüßen.

Elisa steht so exemplarisch für die Religion der „misfits", ein anderes religiöses Selbstverständnis Amerikas, wie es auf der Inschrift der Freiheitsstatue beschrieben ist:

> „Give me your tired, your poor /
> Your huddled masses yearning to breathe free /
> The wretched refuse of your teeming shore."
> (Emma Lazarus)[25]

Ihre Kollegin Zelda, eine person of color, die Elisa immer wieder solidarisch schützt; ihr unglücklich verliebter, homosexueller Nachbar Giles, mit dem sie sich alte Musicals ansieht; der jüdische Wissenschaftler Dr. Hoffstetler, der sich als russischer Spion Dimitri entpuppt. Sie alle praktizieren in den entscheidenden Momenten eine grenz-überschreitende Menschlichkeit und Feindesliebe.

Und dann natürlich das fremde Wesen. Im Film wird immer wieder die Frage gestellt, wie es eigentlich richtig bezeichnet werden kann: als Ding, Tier, Nicht-Mensch, Gottheit? Eine Form des Messias-Geheimnisses. Es stammt aus dem Amazonasgebiet, steht für die Faszination fremdreligiöser Einflüsse. In seinem Schicksal gewinnt es geradezu christushafte Züge: Es durchleidet eine Passion, besitzt wundersam heilende Kräfte. Bezeichnend, was Eliza von ihm sagt: In der Begegnung mit ihm komme sie sich nicht mehr defizitär vor, er sehe sie so, wie sie sei. Und wenn sie ihm nicht helfe, was immer er auch sei, sei sie selbst kein Mensch mehr. Eine Liebeserklärung fast wie von Maria Magdalena in Jesus Christ Superstar („I don't know how to love him")[26]. Am Ende des Films – Achtung: Spoiler-Alarm! – werden Elisa und er sterben und auferstehen. Eine eigene Interpretation von Kreuz und Auferstehung. Hier als eine Verbindung von Selbstheilung und Verwandlung. Bis hin zu Richard Strickland, der am Ende in Abwandlung der Worte des römischen Hauptmanns unterm Kreuz sprechen wird: „Fuck. You are a god."

Der Film führt eindrücklich die religiöse Problemgeschichte des Protestantismus vor Augen, des US-amerikanischen, aber nicht nur des dortigen. Ein religiöses Denken aus den „kirchlich glänzenden" 50er und 60er Jahren, das zum Teil bis heute nachwirkt und mit Selbstüberhebung, Schöpfungs- und Fremdenfeindlichkeit einhergeht.

Dem gegenüber steht eine religiös mystische Haltung, wie sie dem Film zu Grunde liegt. Sie wird ganz am Ende mit dem Zitat eines religiös konnotierten Liebesgedichts noch einmal expliziert:

> „Unable to perceive the shape of you,
> I find you all around me.
> Your presence fills my eyes with your love.
> It humbles my heart,
> for you are everywhere."

Das geliebte Gegenüber, respektive Gott, dessen Form und Gestalt so unfassbar sind wie das fließende Wasser, wird von dem poetischen Ich überall gefunden. Es erfüllt seine ganze Existenz, seine Augen und Wahrnehmungsorgane mit Liebe, lässt das Herz als Zentrum der eigenen Person demütig werden

– angesichts der schieren Allgegenwart Gottes. Die Herkunft des Zitats bleibt im Film bewusst offen. Manche haben sufistische Mystiker vermutet. Belegen lässt es sich nirgends. Auch die vagen Hinweise des Regisseurs Del Toro deuten eher daraufhin, dass es sich um eine freie Adaption handelt. In jedem Fall spiegelt es einen anderen, mystischen Zugang zu Gott wider, eine religiöse Haltung, die mit menschlicher Demut, Empathie für andere Geschöpfe und liebevoller Sensibilität einhergeht. Ein Zugang, in dem Ich-, Du- und All-Erfahrung ineinanderfließen, eben wie in Liebesgedichten. Dies ist zugleich eine Form, Gott zu begegnen, die auch eine andere Begegnung zwischen verschiedenen Religionen eröffnet. Die Unklarheit der Herkunft des Zitats ist insofern vielleicht nicht zufällig.

Der Film wird gerahmt von der Frage des Erzählers, wie er die Geschichte von Elisa und dem Wesen erzählen solle:

„If I spoke about it, what would I tell you?"

Von der Liebe wie von der Begegnung mit Gott lässt sich wohl vielleicht am angemessensten in Form von Metaphern, Märchen und Mythen erzählen. Weil es Sprachformen sind, in denen die Grenzen des Sagbaren immer mit kommuniziert werden. Es ist zugleich die Frage an uns als Christinnen und Christen, wie wir heute sowohl personal als auch mystisch von Gott als einem unabschließbaren Prozess der Liebe (Trinität) sprechen, so dass menschliche Demut, Empathie mit allen Geschöpfen und liebevolle Sensibilität gefördert werden. Von der Erzählung des Kinos lässt sich dafür vieles lernen.

17. Christus im Schlamm

Die Fluten als widergöttliche Chaosmächte

Mich erreichten nach der Flutkatastrophe vom 14./15. Juli 2021 Anfragen wie: „Ist die Überschwemmung nicht ein Gerichtshandeln Gottes, mit dem er uns zur Umkehr rufen will?" Um klar zu antworten: Nein! Ich halte solche Deutungen für theologisch schief, logisch kurzschlüssig und hochproblematisch. Oft verbinden sich solche Interpretationen mit bestimmten Werturteilen, worin die „Unmoral" unserer Gesellschaft im Allgemeinen oder der Kirche im Besonderen bestehe.

Nein, wir können als Menschen Gott nicht in die Karten schauen. Biblisch gesprochen:

> „Denn meine Gedanken sind nicht eure Gedanken, und eure Wege sind nicht meine Wege, spricht der Herr, sondern so viel der Himmel höher ist als die Erde, so sind auch meine Wege höher als eure Wege und meine Gedanken als eure Gedanken." (Jes 55,8f.)

Auch in den Evangelien wendet sich Jesus gegen solche vereinfachenden religiösen Geschichtsdeutungen – sei es bei der Deutung des damaligen Unglücks beim Turm von Siloah (Luk 13,1–5) oder bei der Interpretation der Heilung eines Blindgeboren (Joh 9,1ff.). Jedes Mal widerspricht er der religiösen Vereinnahmung fremden Leidens zum Zwecke moralischer Selbstvergewisserung.

Auch im Blick auf die Vorstellung, wie Gott in der Geschichte handelt, halte ich die Deutung für theologisch abwegig. Gott ist kein Theater-Gott, der wie aus der Nebel-Maschine auftaucht, um hier oder dort mal richtig reinzuhauen und Tacheles zu reden (deus ex machina). Gerade die Erzählung von der Sintflut in 1. Mose 6–9 verabschiedet eine solche Vorstellung – weil, so die Geschichte, „das Dichten und Trachten des menschlichen Herzens böse von Jugend an" ist (1. Mose 6,5; 8,21).

Und wo sollten wir dann anfangen und aufhören bei den „Plagen" der Menschheit: Jede Seuche (Corona, Schweinegrippe, Ebola, Aids, …), jedes Unwetter (Taifun, Hurrikan, Zyklon …) oder Dürre, jeder Gebäudeeinsturz, Flugzeugabsturz, Terroranschlag, … eine Botschaft Gottes? Und wenn schönes Wetter ist, ist Gott zufrieden oder nur geduldig?

Nein. Das ist nicht das Gottesbild des Evangeliums. Gott „lässt seine Sonne aufgehen über Böse und Gute und lässt regnen über Gerechte und Ungerechte." (Matt 5,45) Allen Freunden und Freundinnen apokalyptisch-theologischer Geschichtsdeutungen sei das Jona-Büchlein zur Lektüre herzlich anempfohlen: Gottes herzliche Fürsorge für Mensch und Vieh ist eine Zumutung für alle Untergangspropheten.

Das heißt nicht, dass theologisch nichts zur Flut zu sagen wäre. Die Bibel bezeugt Gott als Schöpfer, der den Chaosmächten, den Ur-Fluten eine Grenze setzt, um so Leben von Menschen, Tieren, Pflanzen zu ermöglichen. Davon spricht der erste

Schöpfungsbericht (1. Mose 1–2,4a), ebenso wie viele Psalmen, etwa Psalm 74,12–17:

> „Gott ist ja mein König von alters her,
> der alle Hilfe tut, die auf Erden geschieht.
> Du hast das Meer gespalten durch deine Kraft,
> zerschmettert die Köpfe der Drachen im Meer.
> Du hast dem Leviatan die Köpfe zerschlagen
> und ihn zum Fraß gegeben dem wilden Getier.
> Du hast Quellen und Bäche hervorbrechen lassen
> und ließest starke Ströme versiegen.
> Dein ist der Tag und dein ist die Nacht;
> du hast Gestirn und Sonne die Bahn gegeben.
> Du hast dem Land seine Grenze gesetzt;
> Sommer und Winter hast du gemacht."

Gott ist ein schöpferischer Gott, der Raum für Leben schafft und die urzeitlichen Chaosmächte bekämpft, die dieses Leben gefährden. Wenn man die Unwetter theologisch interpretieren will, dann doch eher so: Sind wir Menschen mit unserer Konsum- und Lebensweise selbst zu einem Leviathan, einem urzeitlichen, mythologischen Ungeheuer geworden, das den Bestand des Lebensraumes von Menschen, Tieren, Pflanzen bedroht? Entfesseln wir mit unserer Lebensweise zerstörerische Kräfte, die Gott als Schöpfer gerade eingehegt hat? Auch hier formuliere ich bewusst mit Vorsicht. Einen „deus ex machina" halte ich auch mit ökologischen Vorzeichen für verkürzt. Und auch mit politisch richtiger Nachhaltigkeitsperspektive kennen wir nicht den „Masterplan Gottes". Wie Gott in der Geschichte handelt, bleibt uns letztlich verborgen.

Wir wissen aber um die Liebe Gottes zu allen seinen Geschöpfen – eine kreative, kämpferische, mitleidende Liebe. Eine

Liebe, die keine Chaosfluten schafft, sondern sie im Gegenteil verhindert. Sinnbild dessen ist für mich Christus als leidender Schöpfungsmittler am Kreuz.

Kurz nach der Flutkatastrophe beim Seelsorge-Gang durch den Ort Ehrang zum Verteilen von Kaffee, Brötchen und Keksen trafen wir auf eine Frau aus der Gemeinde. Sie hatte das Kruzifix ihrer katholischen Oma im überschwemmten Keller gefunden und sichtbar nach draußen auf eine rote Kiste gestellt. Der Gekreuzigte im Schlamm der Überschwemmung. Für mich ist Gott heute genau dort gewesen – mitten im Schlamm der Überschwemmung, auf der Seite der leidenden Menschen, wie seit Urzeiten im Kampf gegen die Chaosmächte.

Flut-Gebet

Gott, die Wasser haben mir
auch die Worte weggespült.
Das Leid, das Menschen gerade geschieht,
ist so unfassbar, dass ich selbst beim Klagen
nicht weiß, wo anzufangen.
Bei denen, die ertrunken sind? Bei den Vermissten?
Wir wissen selbst heute noch nicht einmal, wie viele.
Bei denen, die ihr Haus, ihr Geschäft,
alle ihre Lebenserinnerungen verloren haben?
Mit der eigenen Wohnung haben viele
zugleich auch ihre Heimat, ihr Vertrauen verloren.
Gott, Du weißt um die Not,
für die uns die Sprache fehlt.
Um die vielen Tränen, die dennoch nicht reichen,

und die ungeweinte Trauer.

Gott, schenk uns die Kraft,

jetzt für einander da zu sein.

Einander festzuhalten,

wo unser Grund und Halt weggespült wurde.

Gott, gib uns Mut, wieder aufzustehen.

Gegen Schlamm und Schutt.

Lass uns für einander Trösterinnen

und Hoffnungsbringer sein.

Gott, hilf uns umzugehen mit dem,

was wir nicht verstehen.

Und hilf uns so zu leben,

dass sich solche Katastrophen nicht vermehren.

Sprich Du selbst Amen,

wenn wir es nicht mehr können.

18. „KAUM WORTE FÜR DIESE VERWÜSTUNG"
Wie reden von unaussprechlichem Leid?

Von der Unwetter-Katastrophe gibt es im Netz und in den Medien eine wahre Flut an Bildern. Doch es fällt schwer, davon zu reden. Berufliche Kommentator/-innen kommen ins Straucheln oder laufen Gefahr, üblich gestanzte Sätze zu verbreiten. Angela Merkel drückte diese Sprachnot bei einem ihrer Besuche in den überschwemmten Gemeinden treffend so aus: „Die deutsche Sprache kennt kaum Worte für diese Verwüstung."

Genau genommen liegt das Problem dabei nicht an einem Mangel an Begriffen. Die deutsche Sprache ist auch hinsichtlich Katastrophen reich an Ausdrücken: Flut, Schlammlawine, Verwüstung, Zerstörung, Kataklysmus, Überschwemmung, Unwetter, Chaos, Sintflut, Hochwasser, Schlag- oder Sturzregen.

Das Problem liegt vielmehr in der Sinnwidrigkeit des Geschehens. Sprache lebt von Ordnung, Sinnstrukturen, geregelten Beziehungen zwischen Zeichen. Doch das Wesen dieser Katastrophe ist gerade ihre Sinnwidrigkeit, das Wegreißen von Ordnung und Vernichten von Beziehungen. Die Wasser haben uns auch die Worte weggespült. Weil sie ihren Haftpunkt, ihr Bezugsnetz verloren haben. Angesichts der tiefen Sinnwidrigkeit dieses Leides wissen wir mit unseren vielen Wörtern nichts anzufangen. Das Problem ist ein pragmatisches, kein semantisches.

Doch Schweigen ist keine Alternative. Zumindest nicht auf Dauer. Ja, es gibt ein notwendiges Schweigen, dort, wo das Leiden zu groß wird. Und mir dreht sich der Magen um, wenn ich jetzt im Netz manche frommen Schreibtisch-Spekulationen lese, dies sei das Gericht Gottes, wofür auch immer. Die Freunde Hiobs „saßen mit ihm auf der Erde sieben Tage und sieben Nächte und redeten nichts mit ihm; denn sie sahen, dass der Schmerz sehr groß war." (Hiob 2,13) Was hätten sie erst getan bei solch einer kollektiven Flutkatastrophe? Und selbst dann, nach dieser geistlichen Karenzzeit, gehen die Freunde Hiobs mit ihrer klugen Schultheologie in die Irre. Hier lese nach, wer meint, Gottes Pläne jetzt allzu genau zu kennen.

In der theologischen Deutung von solchen Katastrophen ist ein zentrales Kriterium für mich, ob ich die Sätze seelsorglich im Angesicht der Betroffenen zu sagen vermag. Von dem unaussprechlichen Leiden lässt sich daher geistlich, theologisch meines Erachtens nur so sprechen, dass die Betroffenen selbst zu Wort kommen; dass wir hinhören, was sie erlebt haben; dass wir ihnen Raum schaffen, ihre Klage, Trauer, Bitte wie auch ihren Dank für Rettung zu äußern und vor Gott zu bringen. Es geht nicht um ein Reden *über* die Verwüstung, sondern um ein Gespräch *mit* den Verwüsteten, das sich selbst *von* dieser Verwüstung berühren lässt, sich selbst ihrer Sinnwidrigkeit existentiell aussetzt.

Genau hier können dann die alten Texte des Glaubens eine Hilfe sein, um den Chaoskräften nicht das letzte Wort und das Schweigen zu lassen. Um den Betroffenen und Trauernden wieder eine Stimme zu geben. Alte Gesangbuchlieder von Paul Gerhardt (Befiehl du deine Wege), Dietrich Bonhoeffer (Von guten Mächten) oder Lothar Zenetti (Ich steh vor dir mit leeren Händen, Herr).[27] Oder eben die Psalmen:

> „Gott, hilf mir!
>
> Denn das Wasser geht mir bis an die Kehle.
>
> Ich versinke in tiefem Schlamm,
>
> wo kein Grund ist;
>
> ich bin in tiefe Wasser geraten,
>
> und die Flut will mich ersäufen.
>
> Ich habe mich müde geschrien,
>
> mein Hals ist heiser." (Ps 69,2ff.)

Die Pointe liegt hier im Personalpronomen: Es gibt eine Leidenswirklichkeit und Erfahrungen von Sinnwidrigkeit, von denen sich angemessen nur im „Ich", „Du", „Wir" reden lässt, nicht im abstrakten „Es". Im Gebet und im Zuspruch für andere. Dies ist letztlich der Weg, den Gott selbst in Jesus Christus gewählt und uns aufgezeigt hat: Gott begegnet dem sinnwidrigen Leid als „Ich" – leidend am Kreuz – und als „Du" – heilend anderen zugewandt.

Das ist es, was auch Aufgabe von Seelsorge und Gottesdienst in der kommenden Zeit – nach der ersten Krisenintervention – sein wird: Menschen Raum geben, dass sie in eigener oder geliehener Sprache ihren Erfahrungen vor Ort Ausdruck geben können. Das bedeutet nicht, dem Leid nachträglich oder abstrakt einen Sinn zu verleihen, den es nicht hat. Das Wesen von Leiden ist gerade seine Sinnwidrigkeit. Aber es heißt, Menschen zu helfen, mit der Sinnwidrigkeit umzugehen. Sich nicht auf Dauer von ihr bestimmen oder zum Opfer machen zu lassen, sondern sich selbst von Gott her als frei, widerständig, gehalten zu erfahren – allen widersprechenden Erfahrungen zum Trotz.

„Vom unaussprechlichen Leid reden" – das heißt für mich, den Betroffenen zuzuhören, mit ihnen zu schweigen und vor Gott ihren Klagen, Bitten, Dank Raum und Sprache zu geben. Dazu helfe uns Gott.

19. KATASTROPHEN
Wie ich versuche, geistlich mit ihnen umzugehen

Zu den kleinen „Alltags-Ritualen" unserer Familie gehört das gemeinsame Ansehen der Tagesschau. Richtig „old-school-mäßig". Kurz vor acht ruft irgendwer durch das Treppenhaus. Und alle kommen zusammen, um mitzukriegen, was an dem Tag los war, um sich darüber auszutauschen. Das hilft, gerade wenn in der Welt viel passiert, es viel zu diskutieren gibt. Unser kleines familiäres Forum.

Nun ist Nachrichten zu schauen selten erbaulich. In diesem Sommer besonders wenig. Überschwemmungen, verheerende Brände auf den verschiedenen Kontinenten. Dann der Vormarsch der Taliban, die schrecklichen Bilder vom Flughafen in Kabul. O-Ton unserer ältesten Tochter: „Wir sitzen im Himmel und schauen der Hölle zu."

Das Wort „Katastrophe" taucht in der Berichterstattung regelmäßig auf, bei den menschlich mitverursachten Naturphänomenen wie bei den militärisch-politischen Ereignissen. Und leicht können dabei apokalyptische Gefühle aufkommen, zumal wenn das Corona-Virus weiter mutiert und die nächste Welle kommt. Selbst die olympischen Spiele erfüllten in diesem Jahr kaum ihre ablenkende Funktion: eine kommerzialisiert-entleertes Event ohne Publikum. „Schnittchen und Spiele“. Doch was heißt es eigentlich, wenn man diesbezüglich von „Katastrophen“ spricht – und wie lässt sich geistlich mit ihnen umgehen? Drei Annäherungen, wie ich persönlich versuche, geistlich damit umzugehen[28]:

1. Von Katastrophen sprechen wir im Allgemeinen, wenn ein Unglück so groß ist, es jedes Maß und jede Grenze überschreitet – in verschiedener Hinsicht:

Das betrifft zunächst das *objektive Ausmaß* der Verwüstung, wenn etwa in den schrecklichen Schlammlawinen im Juli 2021 über 180 Menschen ums Leben kamen, kleine Bäche zu reißenden Sturzwassern wurden, Häuser mitrissen und ganze Orte zerstört zurückließen. Mehr Leid, als unser kollektives Sehen und Verstehen erfassen könnte. Eine Katastrophe an sich.

Das betrifft sodann erst recht die Grenzen des *individuellen, persönlichen Erlebens*, des seelisch Verkraftbaren, wenn man selbst betroffen ist. Es widerfährt einem Menschen etwas tief Traumatisierendes, was er oder sie einfach nicht verarbeitet bekommt, was einem auch im Innern den Boden unter den Füßen wegreißt. Eine Katastrophe für mich.

Das betrifft schließlich vor allem auch die Grenzen der *Selbsthilfe-Möglichkeiten*, des/der Einzelnen wie der betroffenen Gemeinschaft. Der Katastrophen-Fall wird ausgerufen, wenn die zuständigen Kräfte keine Chance mehr haben, es Hilfe von außen braucht. Konkret, wenn die Flut eben auch Brücken, Straßen, Strom-, Wasserversorgung zerstört hat und auch die, die man sonst um Hilfe ruft, nicht mehr helfen können.

Katastrophen als Grenzen und Maße übergreifendes Unglück: Sie machen deutlich, wie wenig wir unser eigenes Leben in der Hand haben. Wie verletzlich, vulnerabel unsere Gesellschaft ist, auch in einem hochentwickelten, reichen Land wie Deutschland. Seuchen, Fluten, Feuersbrünste: all das kannten wir lange aus anderen Zeiten oder Weltgegenden. Jetzt rückt es dichter an uns heran. Und damit auch die Erfahrung, an die Grenzen unserer eigenen Selbsthilfe-Möglichkeiten zu kommen. Vor allem, wenn der Menschen gemachte Klimawandel weiter fortschreitet und die nächste „Jahrhundert-Flut" nicht lange auf sich warten lassen wird. In alten Kirchenliedern wird Gott oft um Bewahrung angerufen. Solche Bitten gewinnen angesichts solcher Erfahrungen eine neue Brisanz:

> „Du wollest auch behüten /
> mich gnädig diesen Tag /
> vor Teufels List und Wüten, /
> vor Sünden und vor Schmach, /
> vor Feu'r und Wassersnot, /
> vor Armut und vor Schanden, /
> vor Ketten und vor Banden, /
> vor bösem, schnellem Tod." (EG 443,3)

Unsere Kinder wachsen damit auf, dass es nicht selbstverständlich ist, „normal" zu leben. Die Kruste unseres heilen Lebens ist dünn, allzu dünn geworden.

2. Der Begriff „Katastrophe" stammt aus dem Griechischen und meint ursprünglich eine „Umkehrung" oder sprachlich noch genauer: eine „Wendung nach unten". In der antiken Tragödie bezeichnet er den plötzlichen Wendepunkt im Schicksal des Helden oder der Heldin (Peripetie), von dem ab das Unglück seinen

Lauf nimmt. „Katastrophen" in diesem klassischen, tragischen Verständnis sind meist Folgen menschlichen Fehlverhaltens und sollen idealerweise eine reinigende, „kathartische" Wirkung haben. Für die Held/-innen wie für die Zuschauenden. Doch welche Läuterung geschieht eigentlich, wenn wir massenmedial die Katastrophen mitverfolgen? Hilfs- und Spenden-Bereitschaft? Ja, das ist sicher gut. Aber dann? Und was bedeutet es, wenn das Unglück eben nicht einfach die Verursacher trifft, sondern das Leid der einen mit dem Konsumverhalten von vielen zusammenhängt?

Bei einem meiner Gespräche in den überfluteten Gebieten sagte ein Presbyter den eindrücklichen Satz: „Leute mit sauberer Kleidung sind uns hier suspekt." Diese katastrophale Flut hat etwas mit Menschen gemacht, den Betroffenen, den Helfenden, den vielen Menschen, die mit ihnen mitgelitten haben. Die Flut hat etwas zerstört, auch innerlich. Auch bei mir. „Nach der Flut" kann und darf es keine „Weiße-Kragen-Theologie" mehr geben, in der wir „über" Klimawandel, Krisen, Katastrophen reden. All das trägt jetzt Namen und Gesichter von Angehörigen, Freunden, Kollegen. Wir brauchen nach der Katastrophe eine kathartische, reinigende Theologie. Eine, die uns von irrigen Selbstbildern und Lebenszielen befreit. Die uns freisetzt, das zu leben, was wir schon längst als richtig erkannt haben. Eine „transformative Spiritualität" (U. Schneidewind)[29]. Oder in den vier programmatischen kurzen ersten Sätzen des Wanderpredigers aus Nazareth: „Die Zeit ist erfüllt. Das Reich Gottes ist nahe. Ändert euren Sinn. Und glaubt an das Evangelium." (Mk 1,15) Eine Katharsis hier nicht aus der „Wendung nach unten" (Katastrophe),

sondern einer „Wendung nach oben" (Anastrophe): sich bestimmt sein lassen von der unbedingten Gegenwart Gottes in
Jesus Christus. Das ist für mich jetzt unsere Aufgabe als Kirche:
so von dieser Gegenwart Gottes zu reden, dass es uns selbst und
andere frei macht, so zu leben, wie wir es schon längst als richtig
erkannt haben: anti-katastrophisch, nach oben gewandt.

3. Wenn gegenwärtig viel und oft von Katastrophen geredet
wird, sagt das allerdings auch etwas über unsere kollektive Wahr-
nehmung aus. Eine Neigung zum „Katastrophisieren", das fatale
Fokussiert-Sein auf den Untergang. In der Psychologie wird damit eine kognitive Verzerrung bezeichnet, die das Unglück ma-
ximiert und die eigenen Möglichkeiten minimiert. „Das wird immer schlimmer werden. Ganz gleich, was wir tun." Die nächste
Verschwörungstheorie lässt dann nicht lang auf sich warten. Solches apokalyptisches Denken ist aber zutiefst unchristlich. Mit
der Theologin Dorothee Sölle gesprochen: „Da kann man nichts
machen, ist ein gottloser Satz." Eben weil der Satz der Botschaft
Jesu von der Gegenwart Gottes und dem Wandel des Menschen
grundlegend widerspricht. Deshalb ist es wichtig, gerade in Zeiten schlimmer Katastrophen nicht zu Katastrophisieren. Und
den entsprechend selbstverliebten Unheilspropheten nicht nach-
zulaufen.

Viele der biblischen Texte sind in katastrophalen Zeiten entstanden – im Alten Testament in der Zeit des Exils, als der Tempel zerstört, das Land verwüstet, das Volk deportiert war. Im
Neuen Testament nach dem Tod Jesu, dem Ausbleiben seiner
Wiederkunft, der Verfolgung von außen. Gerade in diesen katastrophalen Zeiten entstanden Gegengeschichten, die davon handeln, dass Gott sein Volk Israel und seine Welt nicht im Stich

lässt, allen verheerenden Erfahrungen zum Trotz. Dieser Hintergrund hilft uns, den tröstenden und ermutigenden Charakter mancher Texte für uns neu zu verstehen.

„Die Schöpfung Gottes" – in katastrophaler Zeit

1. Tag: Gott schafft uns Zeit, den Wechsel von Tag und Nacht. Gott ist Herr über Licht und Finsternis, beides steht in seiner Hand und gehört zu seiner Schöpfung.

2. Tag: Gott hält uns Raum frei. Er gründet das Firmament, um die Wasser zurückzuhalten. Gott setzt den Chaos-Kräften eine Grenze.

3. Tag: Gott schenkt uns eine Lebensgrundlage: festes Land und Pflanzen, um davon zu leben.

4. Tag: Gott lässt uns Sonne, Mond und Sterne scheinen – und er entmachtet so die Astralgottheiten der damaligen Siegermächte. Es sind Lampions, die uns des Tags und des Nachts scheinen sollen.

5. Tag: Gott schafft für uns Tiere als Mitgeschöpfe im Wasser und in der Luft. Fische, die in den Fluten spielen, und Vögel, die in den Lüften tanzen. Alles, um sich daran zu freuen.

6. Tag: Gott schafft für uns Tiere als Mitgeschöpfe auf dem Land. Und er schafft uns selbst – damit wir für die anderen, für seine Schöpfung da sein können. Damit wir das „Seufzen der anderen Kreaturen" hören und als Erstgeborene der neuen Schöpfung anders leben.

7. Tag: Und Gott schafft uns Ruhe – indem er selber ruht und uns in der Stille begegnet.

Es ist an der Zeit, dass wir anfangen, die alten Texte neu zu lesen und anderen davon zu erzählen. Allen Katastrophen zum Trotz.

20. Umtopfen

Wie Sie die Wurzeln Ihres Lebens pflegen

In der Sommerpause 2021 habe ich die Bäume aus unserer Wohnung umgetopft. Fici benjaminae, Birkenfeigen. War dringend nötig. Ihre Töpfe waren für sie längst schon zu klein geworden. Nun habe ich keinen allzu grünen Daumen, danach aber ziemlich schwarze Fingernägel. Mehrere Stunden war ich dran: verbrauchte Erde aus den Ballen lösen, vorsichtig das verknotete Wurzelwerk freilegen, dann in frische Erde einpflanzen, mit Wasser begießen. Eine geradezu meditative Tätigkeit. Einem anderen Lebewesen beim Wachsen helfen. Ich stehe eigentlich nicht so auf Gartenarbeit. Das Ganze hat mich aber wohl deswegen berührt, weil das Umtopfen symbolisch für unsere aktuelle Lebensumstände war. Umzug als fünfköpfige Familie.

Wer das einmal gemacht hat, weiß, wovon ich rede. Die Zeit und Energie, die es braucht, bis nicht nur die Kartons ausgepackt, sondern alle wirklich angekommen sind: in der Wohnung, in der Nachbarschaft, in der Schule, am Arbeitsplatz. Alles neu. Keine Routinen. Und wer das hinter sich hat, kennt auch all die passenden Sätze, die man dann mitunter hört.

Etwa: „*Dreimal umziehen ist wie einmal abgebrannt.*"[30] (Benjamin Franklin) Klingt schön metaphorisch, dramatisch, lebensweise, ist aber eigentlich unsinnig. Auch, ohne dass man mit Menschen aus den verbrannten Landschaften in Griechenland, Italien, der Türkei redet. Es handelt sich trotz aller Anstrengungen um eine selbst gewählte Migration. Ein freiwilliger Wechsel des Wohnsitzes etwa aus Arbeitsgründen. Im Schwyzerdütsch, in dem alles etwas freundlicher klingt, gibt es dafür das nette Wort „Zügeln". Das wiederum ist dann allzu harmlos. Unsere Wirklichkeit bewegt sich irgendwo zwischen Zügeln und Hausbrand.

Oder: „*Ein neues Haus, ein neuer Mensch.*"[31] Goethe darf bei solchen Sinnsprüchen natürlich nie fehlen. Ein neuer Lebensort bietet die Möglichkeit, sich selbst neu zu entdecken – oder zumindest gewisse Seiten von sich. Vor allem für kreative Charaktere mit stärker hysterischen Persönlichkeitsanteilen. Meine Erfahrung nach dem, grob kalkuliert, zehnten Umzug ist allerdings: Irgendwo in einem der Koffer hat sich dann doch wieder mein alter Adam versteckt. Wäre aber auch schade gewesen, so ganz ohne ihn.

„*Wenn du einen Garten in deiner Bibliothek hast, wird es Dir an nichts fehlen.*"[32] (Cicero) Damit kann ich etwas anfangen. Gute Bücher als biographische Wegbegleiter und ein schöner Ort, um sie zu lesen: Das macht für mich viel vom Zuhause-Gefühl aus. Gerade, weil der Garten hier mehrdeutig „in" der Bibliothek verortet ist – als Ort zum Lesen bzw. im Gelesenen. Ein inneres Reich der Freiheit, das einen äußeren Spiegel hat. Damit können aber verständlicherweise nicht alle etwas anfangen: „Auch den Möbelpackern sind Leute, die lesen, zuwider. Aber sie haben wenigstens einen guten Grund dafür."[33] (Gabriel Laub)

„Beim Abschied wird die Zuneigung zu den Sachen, die uns lieb sind, immer ein wenig wärmer."[34] (Michel de Montaigne) Die „Zuneigung zu den Sachen" hat uns als Familie diesmal besonders beschäftigt, weil die Wohnfläche etwas kleiner geworden ist. Was nehme ich mit in die nächste Lebensphase hinein? Und was brauche ich davon wirklich? Die berühmte „Koffer-einsame-Insel-Überlegung". Die 10.000 Dinge, die ein/e Europäer/in angeblich durchschnittlich besitzen soll, toppen wir locker. Auch wenn ich die Bezeichnung „Wohlstands-Messi" unserer Tochter natürlich strickt von mir weise. Ein Lebensstil, der Dinge nach kurzem Gebrauch wieder wegwirft, erscheint mir auch wenig „minimalistisch". Doch wie macht man es, dass man die Dinge besitzt und nicht umgekehrt die Dinge einen besitzen? Bei Paulus gibt es dazu den schönen Gedanken des „haben als hätte man nicht" (1. Kor 7,29ff.) Oder wie ich es einmal an einem Haus in Edinburgh gelesen habe: „Heute meins, morgen deins. Warum sorgst du?" (Hodie mea mane tua cur curas). Am Ende werde ich ohnehin nichts mitnehmen. Leben in „schöner Endlichkeit". Das macht das Loslassen leichter. Zumindest theoretisch.

Bei Umzügen gibt es bei uns eine eigene Dramaturgie. Wir sind die ersten drei Wochen sehr schnell. Lampen, Möbel, Kleider, Bilder, Gardinen. Was bis dahin nicht ausgepackt ist, bleibt bis zum nächsten Umzug in den Kartons. Oder wird dann weggeworfen. Doch das Schönste in dieser Zeit sind die Menschen. Die alten Freunde, die einen begleiten, die neuen, die einem „Brot und Salz" bringen. Diesmal etwa die Pfarrerin aus unserer Gemeinde, ein alter Studienfreund oder unsere neue Nachbarin Charlotte. „Brot und Salz", auf dass beides im Haus nicht ausgehen möge. Für den Glauben hat beides noch eine tiefere Bedeutung. Brot, um mit anderen das Brot zu brechen, Mahlgemeinschaft zu halten. Gegenwart Christi. Salz, um selbst für andere Salz der Erde zu sein. Segensgaben, um selbst zum Segen zu werden. Starke Zeichen aus alter Zeit, in der solche Dinge nicht einfach immer im Supermarkt zu kaufen waren.

Womit ich wieder bei unseren Bäumen wäre. Es gibt Dinge, die kann ich mir selbst nicht sagen, nicht selber machen. Dass meine Wurzeln und die jedes einzelnen Familienmitglieds wieder treiben. Dass jede und jeder guten Boden findet. Dass da Menschen sind, die den neuen Ort zur Heimat werden lassen. All das braucht man immer im Leben. Beim Umzug wird es mir nur noch einmal stärker bewusst. Wie unsere Benjamini: verbrauchte Erde aus den Ballen lösen, vorsichtig das verknotete Wurzelwerk freilegen, dann in frische Erde einpflanzen, mit Wasser begießen. Und dann warten, was geschieht. So bekommt man ein neues Gespür für die großen Umzugsgeschichten in der Bibel.

Umzug, biblisch

Adam und Eva zogen aus dem Paradies,
weil sie mussten.
Abraham und Sarah zogen ins verheißene Land,
weil sie glaubten.
In Jesus zog Gott durch unsere Welt,
weil er an uns glaubte.
Woher und wohin
zieht es eigentlich mich?

21. Von Glanz und Schönheit der Hebammen

... und der subversiven Liebe Gottes

Wie wichtig und wertvoll Hebammen sind, habe ich in den Zeiten erlebt, als unsere drei Kinder zur Welt kamen. Da gab es weise, lebenskompetente Frauen, die meine Frau berieten, begleiteten, für sie da waren, ihr im wahrsten Sinne des Wortes den Rücken stärkten – anders als andere Menschen das konnten. Ein Segen in einer der wohl sensibelsten und anspruchsvollsten Zeiten im Leben. Umso problematischer, dass vor allem versicherungstechnische Regelungen die Arbeit von Hebammen in unserer Gesellschaft immer weiter belastet haben. An manchen Orten in Deutschland herrscht „Hebammen-Mangel" und kommt es zu Versorgungs-Engpässen bei der Geburt.

In der Bibel wird von vielen Berufen erzählt: Hirten, Händlerinnen und Handwerkern, Königinnen und Prophetinnen, Seeleuten und Soldaten. Doch kein Beruf erfährt solch eine Wertschätzung wie der der Hebammen.

Zwei mutige Hebammen waren es, die auch am Anfang der Geschichte des Volkes Israel standen. Geburtshelferinnen des

Volkes Gottes, noch bevor Gott es aus Ägypten herausführte. Schifra und Pua. Die Bedeutung ihrer Namen ist nicht sicher, wahrscheinlich „Schönheit" und „Glanz". Schönheit und Glanz widersetzen sich dem Befehl des Pharaos, der die männlichen Neugeborenen der hebräischen Frauen töten lassen wollte. Sie handeln subversiv – aus der Liebe Gottes heraus. Die Haltung eines religiös motivierten Widerstands, wie sie für viele Menschen beispielhaft werden sollte:

„Man muss Gott mehr gehorchen als den Menschen."
(Apg 5,29)

Und beeindruckend ist, wie sie das tun. Als der Pharao sie vor sich zitiert und zur Rede stellt, verweisen sie klug auf die Stärke der hebräischen Mütter:

„Sie sind kräftige Frauen. Ehe die Hebamme zu ihnen kommt, haben sie geboren." (2. Mose 1,19)

Schönheit und Glanz schützen die Frauen so nicht nur vor der Gewalt, sie betonen zugleich ihre Stärke. Sie lassen die Frau selbst in deren eigener Schönheit glänzen – und durchbrechen so in doppelter Weise ihren Opfer-Status. Wegen dieser subversiven Liebe, welche „die Gewaltigen vom Thron" stößt und „die Niedrigen" erhebt (Luk 1,52), segnet Gott die Hebammen:

„Darum tat Gott den Hebammen Gutes."
(2. Mose 1,20)

Hebammen sind es, die als erste in der Bibel den Satz sprechen, den wir später als Heilszusage aus dem Mund von Prophetinnen, Priestern und Engeln kennen: „Fürchte dich nicht ...". So sagen es die „Wehmütter" den Gebärenden zu, wenn das Neugeborene zur Welt kommt. Etwa zu Rahel, als sie ihren Sohn Benjamin gebiert – und zugleich darüber verstirbt (1. Mose

35,17; vgl. 1. Sam 4,20). Ein Zuspruch unter Frauen, mitunter der letzte Trost der Härte des eigenen Todes zum Trotz. „Fürchte dich nicht, denn dir ist ein Kind geboren." Der Verkündigungsengel spricht an Weihnachten genau den „Hebammen-Satz", den diese damals den gerade entbunden habenden Müttern zuflüsterten.

Gott selbst wird in Psalmen mehrfach in der Weise einer Hebamme beschrieben. Ein Gefühl tiefster Verbundenheit, der Lebensbegleitung vom ersten Augenblick an. Etwa:

> „Du hast mich aus meiner Mutter Leibe gezogen,
> du ließest mich geborgen sein an der Brust meiner
> Mutter.
> Auf dich bin ich geworfen von Mutterleib an,
> du bist mein Gott von meiner Mutter Schoß an."
> (Ps 22,10f.; vgl. 71,6)

Gott erschafft den Menschen, kennt ihn schon vor seiner Geburt, hilft ihm wie eine Hebamme ins Leben, begleitet hindurch und auch darüber hinaus.

Hebammen-Kunst (griech. Mäeutik)[35]. Seit Sokrates gilt sie zugleich als Sinnbild für eine dialogische Gesprächshaltung. Durch Nachfragen wird das verborgene Wissen des Gegenübers geweckt und ihm bzw. ihr so zur Erkenntnis verholfen. In den platonischen Dialogen kann das mitunter recht gekünstelt wirken – vor allem, wenn die eine Person vermeintlich schon Bescheid weiß und ihr Wissen nur verbirgt (die sog. sokratische Ironie). Unsere Kinder haben für solches „Pädagogen-Gemache" in jedem Fall einen feinen Sensor. Etwas anderes ist es, wenn eben auch die „Hebamme" Teil des Prozesses ist und trotz all ihrer Erfahrung auch nicht vorher weiß, was entsteht. Geburten sind immer wieder neu ein Wunder. So zumindest verstehe ich persönlich eine geistliche Hebammen-Haltung: Nicht wir bringen Gott zu den Menschen, sondern wir entdecken – in Christus – Gott mit und bei den Menschen:

> „Er ist nicht ferne von einem jeden unter uns. Denn
> in ihm leben, weben und sind wir." (Apg 17,27f.)

So wie Jesus Christus selbst überrascht war vom Glauben des römischen Hauptmanns, oder der kanaanäischen Frau und von der Frömmigkeit des Samariters erzählte.

Geistliche Hebammen-Kunst – das heißt für mich aus subversiver Liebe Mächtigen zu widerstehen, Unterdrückten den Rücken zu stärken, Schönheit und Glanz derer zu entfalten, die mir anvertraut sind, und mich immer wieder von Gottes Gegenwart überraschen zu lassen. So ist geistliche Hebammenkunst eine Form der Nachfolge Christi.

Als die Welt in Wehen lag

> Als die Welt in Wehen lag
> und die Hebammen fehlten,
> mussten Hirten einspringen,
> schweigsame Gesellen,
> die sich besser mit Lämmern auskannten.
> Und ein Engel flüsterte der Welt ins Ohr,
> was diese sonst der Mutter sagen:
> „Fürchtet Euch nicht.
> Ihr habt ein Kind."

Christus als Hebamme

Er fragte:
„Was willst Du, dass ich Dir tue?"
Er tat,
was andere wundersam heilte.
Er sagte:
„Dein Glaube hat Dir geholfen."
Er half
in ein neues Leben aus dem Tod.
„Wer aber sagt ihr, dass ich sei?"

22. ERNTEDANK
IN UNDANKBAREN ZEITEN

Erntedank ist für mich das persönlichste Fest im Kirchenjahr. Das hat einen persönlichen Grund: Da ich am Michaelistag, dem 29. September, zur Welt gekommen bin, findet Erntedank entweder an meinem Geburtstag oder am Sonntag danach statt. Allein das Wort ruft schon bei mir Kindheitsbilder wach: ein überquellender Abendmahlstisch mit Körben voller Äpfel und Birnen, dazu der obligatorische dicke Kürbis, ein Bollerwagen mit Kartoffeln, Karotten, Gemüse, eine Vase voller leuchtend gelber Sonnenblumen, über allem schwebt eine Ähren-Krone. Dazu erklingt im inneren Ohr: „Wir pflügen und wir streuen …".

Doch wie feiert man eigentlich Erntedank, wenn es keine Ernte zum Danken gibt? Wenn die Flut von einem Tag auf den anderen das eigene Haus, das Auto, die großen und kleinen Schätze einfach weggespült hat? Wenn es in diesem Jahr nichts „einzufahren" gibt und die eigenen Scheunen leer bleiben – materiell wie seelisch?

Die Erfahrung von Missernten gehörte auch in früheren Jahren zu diesem Tag und sie tut es auch heute. Gerade in Zeiten des Bilanzierens kann dies zur Last werden. Wenn die dunkle Jahreszeit beginnt und viele Chancen vertan sind:

„Wer jetzt kein Haus hat, baut sich keines mehr.

Wer jetzt allein ist, wird es lange bleiben." (Rilke)[36]

Was kann Erntedank angesichts solcher Erfahrungen bedeuten? Ein paar offene Gedanken.

1. Danken und Klagen sind Geschwister. Beides gehört zum Glauben dazu. Und beides muss man lernen. Auf den umgangssprachlichen Satz „Ich kann nicht klagen", antwortet ein Bekannter von mir regelmäßig: „Da hilft nur üben, üben, üben." Es ist gut, dem Schmerz angesichts der eigenen leeren Scheunen Raum zu geben, das Scheitern und die eigenen Verluste Gott zu klagen. Es braucht neben dem Erntedank auch die „Missernte-Klage". Beides ist Teil der Muttersprache des Glaubens. Und beides schließt sich überhaupt nicht aus. Klagen und Danken will gelernt sein. „Ich kann nicht danken." Weil es für mich nichts zu danken gibt. Weil mich mein Leben, mein Schicksal gelehrt haben, dass Gott nichts zu danken ist. Solche Erfahrungen gilt es ernst zu nehmen. Den Schmerz angesichts von Misserfolg und Leiden. Und es ist zugleich gut, dabei nicht dauerhaft stehen zu bleiben.

2. Pointiert gesagt: Gott braucht nicht meinen Dank. Er nährt nicht „kümmerlich von Opfersteuern und Gebetshauch" seine Majestät (Goethe)[37]. Nicht Gott, sondern ich brauche das Danken. Im Danken gewinne ich einen anderen Blick auf mich, die Welt, mein Leben. Ich bin nicht Opfer eines irgendwie blinden „Schicksals". Bin mehr als der Inhalt meiner Scheunen, die Fülle meiner Ernte, die Größe meines Stalls – so wenig der Wert all dessen geschmälert werden soll. Wie sehr solche irdischen Ga-

ben ein Segen sind, merkt man gerade, wenn es an all dem mangelt. Erntedank ist eine Einübung, mich dennoch als von Gott Beschenkten zu erfahren. In vielen kleinen Dingen, die ich oft zu leicht als selbstverständlich hinnehme. „Gott gibt das tägliche Brot auch ohne unsere Bitte allen bösen Menschen; aber wir bitten in diesem Gebet, dass er's uns erkennen lasse und wir mit Danksagung empfangen unser tägliches Brot." Ganz aktuell gehört etwa auch eine gute Regierung zu dem, wofür wir Gott an diesem Fest danken.

3. Danken hat für uns ja oft den Charakter einer als Kinder antrainierten Pflicht-Übung: „Hast Du auch Danke gesagt, dich ordentlich verabschiedet und (vor Corona) die schöne Hand gegeben?" Doch Dank im christlichen Sinn ist etwas anderes als eine zivilisierte Höflichkeitsform. Und er erschöpft sich auch nicht in einem Wortinhalt. Für den Glauben geht es beim Danken um eine Lebenshaltung, einen Existenzvollzug: Ich bin – mit allem, was ich habe – kein Zufall, kein selfmade Produkt, sondern eine Gottesgabe. In Abwandlung eines Begriffs des Theologen Schleiermacher geht es um ein „Gefühl letzthinniger Dankbarkeit": Ich danke nicht nur für dies oder das, in dieser oder jener Hinsicht, sondern ich bin dankbar, dass ich überhaupt bin und nicht „nicht bin". Auch dann, wenn mein Leben eigenen oder fremden Ansprüchen nicht genügt, in Zeiten von Dürre und Verlust. Christlich danken heißt, dass ich mein Leben als Antwort verstehe.

4. Zu der geistlichen Übung des Dankens gehört als zentrale Aufgabe, mich von dem scheelen Blick auf den anderen, die andere frei zu machen, mich nicht zu vergleichen. Das ist vielleicht

eine der schwersten Übungen überhaut. Mein Auto, mein Haus, meine Karriere, meine Familie, mein Körper, meine Bildung: Ich verfalle immer wieder in das unselige Vergleichen, und sei es, ob die Löcher in meiner Mönchskutte nicht größer sind als die des anderen. Erntedank ist ein soziales Fest, weil wir, egal ob arm oder reich, vor Gott gleich dastehen. Es gibt nichts, was ich nicht empfangen habe. Das gilt auch dort, wo ich viel gearbeitet habe. An Erntedank geht es auch darum, Frieden mit dem zu finden, was ich geworden bin.

5. Das Gebet ist der Ort, an dem ich diese andere Existenzweise der gelebten Antwort und der inneren Zufriedenheit einübe. Etwa beim Dank vor dem Essen. Ich nehme es nicht als selbstverständlich, dass da Brot auf den Tisch steht. Mache mich frei von dem Blick auf die Trüffeln der anderen. Und auch hier bleibt das Danken immer auch ein paradoxaler Akt, gegen den Augenschein, im Angesicht des Scheiterns und Verlierens. Eindrücklich habe ich das vor ein paar Wochen in der von der Flut betroffenen Gemeinde Ehrang erfahren. Dort hielt die Kollegin, Pfarrerin Kluge, eine Andacht über selige Momente mitten in der Flut. Kleine, aber entscheidende Augenblicke, in denen Menschen mitten in der Katastrophe Gutes erfahren haben. Etwa der ältere Mann, der seinen Ehering verloren hatte, bis ihn ein Helfer im Schlamm wiederfand. Und der ihn dann von seiner Frau von neuem angesteckt bekam. Ein Moment tiefsten Glücks und Dankbarkeit.

Nach dem Heidelberger Katechismus ist das Gebet das „vornehmstes Stück" der Dankbarkeit.[38] Ich lerne darin mein ganzes Leben als solch ein Fundstück zu verstehen, das ich von Gott neu empfange wie einen Ring. Ich falte die Hände, öffne sie für

Gott. Weil ich letztlich in seiner Hand stehe. Und ich entdecke so eine „portable Heimat" (Reich-Ranicki)[39] in mir. Ich bin „Gast auf einem schönen Stern" (Thielicke)[40]. Nichts gehört mir auf Dauer. Mit leeren Händen bin ich geboren. Mit leeren Händen werde ich wieder sterben.

Dank als geistliche Lebenshaltung, allen Wüstenerfahrungen zum Trotz. Eine wunderschöne Umsetzung dieses Gedankens findet sich in dem alten Film „Milagro. Krieg im Bohnenfeld", 1988 von Robert Redford als Regisseur gedreht und mit einem Oscar prämiert.[41] Er spielt in New Mexico und handelt von dem armen Kleinbauern Joe Mondragon, der sich gegen ein touristisches Großprojekt wehrt, indem er unerlaubter Weise Wasser auf das ausgedörrte Bohnenfeld seiner Väter leitet.

Als Rahmenhandlung der Geschichte wird erzählt, wie der alte Amarante Cordova zum Heiligen wird. Der Film beginnt damit, dass der greise Amarante in seiner ärmlichen Hütte aufwacht. Mühsam schafft er es, aus dem Bett aufzustehen und bis zu dem fleckigen, an vielen Stellen schon blinden Spiegel zu gehen. Seine letzten Haare stehen wirr zur Seite ab, seine Brille sitzt schief im Gesicht, sein Unterhemd spannt über seinem Körper. Und dann sagt er den ersten Satz des Films: „Ich danke dir Gott, dass ich diesen Tag erleben darf." Es ist eine faszinierende Szene der Dankbarkeit und des Gotteslobes angesichts menschlicher Armut und Vergänglichkeit. Vielleicht, weil es die Weisheit eines Heiligen braucht, um sich selbst für einen Moment mit den Augen Gottes sehen zu können. Allen Täuschungen des Spiegels zum Trotz.

ANMERKUNGEN

Bei den Quellenangaben habe ich versucht, möglichst leicht zugängliche Nachschlageorte im Internet anzugeben. Bibelstellen werden zitiert nach EKD (Hg.), Die Bibel. Nach Martin Luthers Übersetzung. Lutherbibel mit Apokryphen, revidiert 2017, Stuttgart 2017. Abrufdatum aller angegebenen Internetquellen ist Anfang Juli 2020.

[1] Vgl. www.de.wikipedia.org/wiki/Hoffnung.

[2] Ein herzlicher Dank gilt an dieser Stelle Kantor Wolfgang Abendroth. Er hat zu dem von mir verfassten Text die Melodie komponiert, die im Rahmen des Einführungsgottesdienstes der neuen Kirchenleitung der Evangelischen Kirche im Rheinland am 20. März 2021 in der Johanneskirche, Düsseldorf erstmals gespielt wurde.

[3] Vgl. zum Film „Eastern parade" (1948) von Charles Walters www.de.wikipedia.org/wiki/Osterspaziergang_(Film).

[4] So Johann Wolfgang von Goethe, Faust. Der Tragödie erster Teil, 2. Szene „Vor dem Tor", V. 920–928. Vgl. online: www.projekt-gutenberg.org/goethe/faust1/chap005.html.

[5] Vgl. Paul Gerhardt, Ein Lämmlein geht und trägt die Schuld, EG 83, Str. 6: „[…] im Streite soll es sein mein Schutz, in Traurigkeit mein Lachen, in Fröhlichkeit mein Saitenspiel; […] im Durst soll's sein mein Wasserquell, in Einsamkeit mein Sprachgesell, zu Haus und auch auf Reisen."

[6] Vgl. EG 896 (Ausgabe für EKiR, EKvW und Lippische Landeskirche). Es stammt von dem hessischen Pfarrer und Dichter Georg Christian Dieffenbach (1853).

[7] Vgl. Detlev Block, Kommt mit Gaben und Lobgesang, EG 229, Str. 3.

[8] Vgl. zu den Ausführungen Andreas Reckwitz, Die Gesellschaft der Singularitäten. Zum Strukturwandel der Moderne, Berlin 2017.

[9] Vgl. Theodor W. Adorno, Minima moralia. Reflexionen aus dem beschädigten Leben. in: ders., Gesammelte Schriften, Bd. 4. Frankfurt a.M. 1980, S. 114.

[10] Vgl. Martin Luther im Kleinen Katechismus (1529), 3. Art., online: www.ekd.de/Kleiner-Katechismus-11531.htm.

[11] Vgl. Bundespräsident Frank-Walther Steinmeier bei der Eröffnungsrede zu den Ruhrfestspielen Recklinghausen (2. Mai 2021): „Kultur ist Lebensmittel, Kunst ist unverzichtbar.", online: www.bundespraesident.de/SharedDocs/Reden/DE/Frank-Walter-Steinmeier/Reden/2021/05/210502-Ruhrfestspiele.html.

[12] Vgl. online www.youtube.com/watch?v=N9OKztFdzK8.

[13] Das Zitat stammt ursprünglich aus dem Vorwort von Max Frisch zu dem Buch von Alexander J. Seiler, Siamo italiani – Die Italiener. Gespräche mit italienischen Arbeitern in der Schweiz, Zürich 1965. Als „Überfremdung I" findet es sich in Max Frisch, Öffentlichkeit als Partner, Frankfurt a.M. 1967, S. 100. Es lautet im Orginial: „Man hat Arbeitskräfte gerufen, und es kommen Menschen."

[14] Zur Frage epigenetischer Vererbung, also der Vererbung von Erfahrungen außerhalb der DNA vgl. www.de.wikipedia.org/wiki/Evolutionäre_Entwicklungsbiologie#Epigenetische_Vererbung.

[15] Vgl. www.gesetze-im-internet.de/gg.

[16] So Heidelberger Katechismus, Frage und Antwort 49, online: www.heidelberger-katechismus.net.

[17] Vgl. Paul Gerhardt, Befiehl du deine Wege, EG 361, Strophe 1.

[18] Vgl. zur Turmbauerzählung den Artikel von Norbert Clemens Baumgart www.bibelwissenschaft.de/stichwort/36310.

[19] Vgl. zu den historischen Hintergründen der Geschichte online den Artikel: de.wikipedia.org/wiki/Turmbau_zu_Babel.

[20] Vgl. Bertolt Brecht, Fragen eines lesenden Arbeiters (1935), abgedruckt in ders., Kalendergeschichten, Hamburg 582013, S. 74.

[21] Vgl. www.de.wikipedia.org/wiki/Raben_und_Krähen.

[22] Vgl. Simon Sinek, Start with why. How great leaders inspire everyone to take action, New York 2009.

[23] Vgl. Dietrich Bonhoeffer, Der einsame Tag, in: ders., Gemeinsames Leben. Das Gebetbuch der Bibel, DBW Bd. 5, Gütersloh 1987, S. 65ff.

[24] Vgl. zum Film www.de.wikipedia.org/wiki/Shape_of_Water_–_Das_Flüstern_des_Wassers.

[25] Vgl. zum Sonett von Emma Lazarus, The New Colossus (1883), das als Bronzetafel im Inneren der Freiheitsstatue angebracht ist, www.de.wikipedia.org/wiki/The_New_Colossus.

[26] Vgl. zu Text und Hintergrund des Liedes www.en.wikipedia.org/wiki/I_Don't_Know_ How_to_ Love_Him.

27 Vgl. EG 361; 65; 382.

28 Vgl. zum Begriff www.de.wikipedia.org/wiki/Katastrophe.

29 Vgl. zu diesem Begriff und zur Rolle der Kirchen beim ökologischen Wandel den Vortrag von Uwe Schneidewind bei der Landessynode der Evangelischen Kirche im Rheinland, Jan 2016, online: www.e-kir.de/www/mobile/service/vortrag-grosse-transformation-schneidewind-ls2016.php.

30 Zur englischen Redewendung „Three removals are as bad as a fire" und der Belegstelle bei Benjamin Franklin vgl. www. universal_lexikon.de-academic.com.

31 So Johann Wolfgang von Goethe, Was wir bringen. Vorspiel, bey Eröffnung des neuen Schauspielhauses zu Lauchstädt, Tübingen 1802, 10. Szene, online: https://www.digitale-sammlungen.de/de/view.

32 Vgl. Marcus Tullius Cicero, Epistulae ad familiares IX,4: „Si hortum in bibliotheca habes, deerit nihil." in: An seine Freunde (Ad familiares), lat.-dt. Hrsg. und übers. von Helmut Kasten, München/Zürich ⁴1989. Oftmals wird der Satz verkürzt auf „einen Garten *und* eine Bibliothek bzw. *mit* einer Bibliothek". Damit geht jedoch der mehrfache Sinn verloren. Zu römischen Bibliotheken gehörten oft auch Gärten, vgl. www.hr-lavater.ch/si-hortum-in-bibliotheca-habes.

33 Vgl. www.zitate.eu/autor/gabriel-laub-zitate/187323.

34 Vgl. Michel de Montaigne, Essais, III,5; zitiert nach www.de.wikiquote.org/wiki/Michel_de_Montaigne.

35 Vgl. zum Begriff www.de.wikipedia.org/wiki/Mäeutik.

36 Vgl. Rainer Maria Rilke, Herbsttag (1902), zu Text und Interpretation online: www.de.wikipedia.org/wiki/Herbsttag.

37 Vgl. Johann Wolfgang von Goethe, Prometheus, frühe Fassung 1789, späte Fassung 1827, online: www.de.wikisource.org/wiki/Prometheus_(Gedicht,_frühe_Fassung).

38 Vgl. Heidelberger Katechismus, Antwort 116, online: www.heidelberger-katechismus.net.

39 So im Blick auf deutsche Literatur in seiner Autobiographie Marcel Reick-Ranick, Mein Leben (1999), München 2012.

40 Vgl. so der Titel der Autobiographie von Helmut Thielicke, Zu Gast auf einem schönen Stern. Erinnerungen (1984), München 1997.

41 Vgl. den Wikipedia-Artikel zum Film: www.wikipedia.org/wiki/Milagro_Der_Krieg_im_Bohnenfeld.

Band 1 der Theologischen Impulse:
TROTZDEM. Von der geistlichen Kraft zum Wider-
stand in einer verrückten Welt (BoD-Verlag, 156 Seiten, 9,99 €)

Wenn ich nur ein Wort hätte,

- *um meinen Glauben in dieser Welt zu beschreiben,*
- *die Kraft zum Widerstand gegen Unrecht, Hass, Lüge, Gewalt*
- *die Hoffnung darauf, dass die Liebe am Ende wirklich siegen wird,*

dann wäre dies das kleine Wörtchen „trotzdem".

„Trotzdem" – das steht für die tiefe innere Freiheit,
sich nicht von außen bestimmen zu lassen.

Das Buch ist ein Experiment für eine andere Sprache,
um sich selbst, das Leben und Gott neu zu verstehen.
Es bietet 24 Impulse – persönlich, theologisch, kreativ –,
u.a. zu Nachtdämonen, Baumheiligen, Regenschirmen,
Gelassenheit, politischer Empörung und dazu,
warum man Gott nicht so schnell verstehen sollte.

Band 2 der Theologischen Impulse:
RISSE. Vom schönen, verletzlichen und widersprüchli-
chen Leben   (BoD-Verlag, 152 Seiten, 9,99 €)

„There's a crack, a crack in everything.
That's how the light gets in."
(Leonard Cohen, Anthem)

Die 22 Essays in diesem Buch beschäftigen sich mit
der wundervollen Schönheit, der tiefen Verletzlichkeit und
der Widersprüchlichkeit menschlichen Lebens.
Und damit, wie oftmals gerade in den Rissen etwas von einer anderen Wahr-
heit sichtbar wird.
In ihnen geht es etwa um die Berufung des stotternden Mose, zitternde
Hände, die Kunst des Radfahrens, Liebe in Zeiten des Alltags, morgendli-
che Suchfragen oder das wichtige Wörtlein „vielleicht".

Band 3 der Theologischen Impulse:
QUERES AUS DER QUARANTÄNE. Geistliche Ge-
danken zur Pandemie (BoD-Verlag, 112 Seiten, 9,99 €)

Die Pandemie hat Fragen verschiedenster Art aufgeworfen. Nicht nur viro-
logische, sondern auch ethische und geistliche:
* *Wie gehen wir in Zeiten von Krisen und Krankheiten miteinander um,*
  gerade auch mit den Schwächsten der Gesellschaft?
* *Was kann Beten helfen, wenn Menschen einsam und sprachlos sind?*
* *Wie verhalten sich Viren, Leiden und die Wirklichkeit des Bösen*
  zueinander?
* *Was gibt uns Hoffnung angesichts der täglichen Präsenz von Infektionen*
  und Todeszahlen?
In 12 Essays geht Thorsten Latzel diesen Fragen nach: theologisch, persön-
lich, poetisch. Es geht um Wüstenzeiten und Wohnungskoller, um
Versuchungen und vermisste Klänge – und darum,
wieso die Auferstehung unglaublich, aber plausibel ist.

**Band 4 der Theologischen Impulse:
BEDINGUNGSLOS. Vom Halt in zerbrechlichen Zeiten** (BoD-Verlag, 124 Seiten, 9,99 €)

Pandemien verursachen bedingungslos Leid und werfen so zugleich die Frage auf, was bedingungslos trägt.

Die Essays in diesem Band beschäftigen sich genau damit, dem Halt in zerbrechlichen Zeiten.

Es geht um Spiegelblicke in der Kastanien-Zeit, Mönchsgrasmücken, erste und letzte Dinge am Morgen, Sisyphos, das Zählen und Spalten von Haaren, um leere Stühle, Halbwahrheiten, Gott in der Krise, Nächte in der Corona-Zeit – und darum, was man von den Großeltern für all das lernen kann.

Dr. Thorsten Latzel, geb. 1970 in Biedenkopf, war Vikar in Rodenbach und Pfarrer in Erlensee bei Hanau.

Von 2005 bis 2013 arbeitete er als Oberkirchenrat für Struktur-/Planungsfragen im Kirchenamt der EKD und leitete dort das Projektbüro im Reformprozess. In den Jahren 2013 bis 2021 war er Direktor der Evangelischen Akademie Frankfurt.

Seit März 2021 ist er Präses der Evangelischen Kirche im Rheinland (EKiR). Thorsten Latzel ist verheiratet, hat drei Kinder und lebt mit seiner Familie in Düsseldorf.